中央高校基本科研业
Fundamental Research Fu

U0517149

企业债券信用风险定价：理论与模型

Corporate Bond Credit Risk Pricing: Theories and Models

周　宏　著

中国财经出版传媒集团

经济科学出版社
Economic Science Press

图书在版编目（CIP）数据

企业债券信用风险定价：理论与模型/周宏著 . —北京：
经济科学出版社，2018.6
ISBN 978 - 7 - 5141 - 9523 - 1

Ⅰ . ①企… Ⅱ . ①周… Ⅲ . ①企业 - 债券 - 风险管理 -
研究 - 中国 Ⅳ . ①F832.51

中国版本图书馆 CIP 数据核字（2018）第 156088 号

责任编辑：王 娟 张立莉
责任校对：郑淑艳
责任印制：邱 天

企业债券信用风险定价：理论与模型
周 宏 著
经济科学出版社出版、发行 新华书店经销
社址：北京市海淀区阜成路甲 28 号 邮编：100142
总编部电话：010 - 88191217 发行部电话：010 - 88191522
网址：www. esp. com. cn
电子邮件：esp@ esp. com. cn
天猫网店：经济科学出版社旗舰店
网址：http：//jjkxcbs. tmall. com
北京季蜂印刷有限公司印装
710 × 1000 16 开 12.75 印张 220000 字
2018 年 11 月第 1 版 2018 年 11 月第 1 次印刷
ISBN 978 - 7 - 5141 - 9523 - 1 定价：59.00 元
（图书出现印装问题，本社负责调换。电话：010 - 88191510）
（版权所有 侵权必究 打击盗版 举报热线：010 - 88191661
QQ：2242791300 营销中心电话：010 - 88191537
电子邮箱：dbts@ esp. com. cn）

序

发行债券是企业融资的主要途径之一。是企业一种直接融资手段，具有分散风险、降低金融系统风险等功能。发展企业债券市场有助于我国金融体系的健全与稳定，在我国经济调结构、稳增长的过程中将具有十分重要的作用。党的十八届三中全会发布《中共中央关于全面深化改革若干重大问题的决定》明确提出，要完善金融市场体系，"发展并规范债券市场，提高直接融资的比重"。党的十九大报告指出，"深化金融体制改革；健全金融监管体系，守住不发生系统性金融风险的底线。"

自1984年恢复企业债券的发行以来，我国的企业债券市场取得了很快的发展。截至2017年底，企业债券（包括公司债）余额达到18.37万亿元。但是，我国企业债券市场的发展程度与我国经济的发展水平仍不相称，企业债券市场的广度与深度难以满足企业的融资需求。根据中国人民银行的统计数据，2017年末，全国社会融资规模存量约为175万亿元，其中，银行贷款余额占比仍然高达约68%，而企业债券余额占比只有10.5%左右①。因此，我国企业债券市场仍然存在巨大的发展空间，而我国经济的发展也迫切需要加快发展企业债券市场。

债券市场的健康规范发展需要解决一些基本理论问题，而债券信用风险的度量与估价是主要问题之一。债券信用风险是指债券到期时，因债务人（债券发行人）无力偿还债券本金与利息而给债权人（债券持有者）造成的风险，它是制约企业债券市场发展、影响企业融资的主要因素。由于债券信用风险的存在导致债券未来的收益存在不确定性，从而影响债的价值。因此，正确估计债券的信用风险，才能正

---

① 中国人民银行公布的《2017年社会融资规模增量统计数据报告》，http://www.gov.cn/xinwen/2018-01/12/content_5256063.html。

确估计债券的价值，从而确保债权人（债券持有者）与债务人（债券发行人）能够合理地分担风险与收益。因此，无论对于发债企业，还是对于企业债券投资者，发债企业的信用风险大小都是问题的关键。

现有文献中，已有很多关于企业债券信用风险的研究。但是，现有研究明显存在以下两方面的不足：一方面，现有研究大部分是基于发达国家的企业债券市场，而我国作为当今全球最大的转轨经济国家，其企业债券市场具有不同于发达国家的法律制度环境与市场环境。另一方面，现有关于我国企业债券市场的研究则是基于"非常态"的国内债券市场的。这种"非常态"体现：国有企业发行的债券一直被视为拥有政府的隐性担保，导致投资者低估国有企业债券的信用风险。事实上，自1984年恢复企业债券发行以来的30多年中，我国经济的持续高速增长让国内的发债企业具有完全兑付能力（直到2014年，我国从未出现过企业债券违约的情况），这也可能掩盖了企业债券的信用风险。

随着我国加快经济增长模式的转变与经济结构的调整，我国经济的发展已由以前的持续高速增长状态进入中高速增长、经济结构更为合理的"新常态"。经济"新常态"背景下，经济增长速度的下降可能导致企业债券违约的发生变得不可避免，甚至可能成为常态。2014年3月，我国出现了首例企业公募债券违约事件（即上海超日太阳能科技股份有限公司发行的"11超日债"违约）[①]。

对于长期以来保持完全兑付的我国企业债券市场来说，企业债券违约事件的出现表明我国的债券市场开始回归到正常状态。这将具有多方面的积极意义，首先，它有利于纠正扭曲的企业债券市场信用风险定价；其次，它在导致部分投资者遭受损失的同时，也给企业债券投资者们上了最重要的一课，即股票有风险，企业债券也有风险；最后，债券违约事件的出现，也将促进我国债券市场的中介机构认真地履行各自的职责功能，严肃认真地对待企业债券的信用评级。

因此，在我国经济进入"新常态"、债券市场回归正常发展的环境下，结合我国经济转型中所具有的经济增长、制度环境与市场环境的特点，研究企业债券的信用风险，无论是对于发债企业、企业债券的

---

① "'11超日债'成国内首例违约债券"，人民网，2014年3月5日，http://finance. people. com. cn/n/2014/0305/c1004_24528703. html。

投资者与债券市场的中介机构，还是对我国债券市场的监管者而言，都具有十分重要的理论意义与实践价值。

周宏教授长期从事企业债券信用风险的研究，她所著的《企业债券信用风险定价：理论与模型》试图解决我国企业债券信用风险度量与估价中存在的理论问题。本书在系统回顾企业债券信用风险估价模型发展路径的基础上，提出了信用风险定价模型的未来发展方向；然后，从企业内部价值、宏观经济环境的不确定性和信息不对称程度的视角出发，分析在我国的市场与经济体制环境下，影响企业债券信用风险的因素；最后，本书从公司治理、政府监管和媒体监督角度，通过实证分析，研究了公司治理与债券信用风险之间的关系，以及政府监督和媒体监督对企业债券信用风险的影响。

该书的研究以我国加快经济转型为背景，结合我国转轨经济所具有的法律制度环境与市场环境特征，有针对性地解决了我国企业债券信用风险度量与估价的相关问题，并提出了适合我国债券市场建设的相关政策建议。该书的出版将不仅有助于促进企业债券信用风险理论研究与我国转轨经济理论的相结合，而且有助于促进经济"新常态"下我国企业债券市场的监管与建设。

周宇华

二零一八年六月八日

前　言

自改革开放以来，我国国内债券市场的发展始于 1981 年 1 月国债的恢复发行。1984 年与 2007 年，我国又先后恢复了企业债券与公司债券的发行（以下通常为"企业债券"）。1997 年，银行间债券市场的建立与 2004 年以来交易所债券市场的兴起进一步促进了我国债券市场的发展。经过 30 多年的发展，我国国内债券市场的规模有了很大的增长。截至 2017 年底，全国债券市场托管量总计达到 64.57 万亿元。[①]

发行债券是企业主要的融资方式之一。自 1984 年恢复企业债券发行以来，我国企业债券的发行量与存量迅速增长。2015 年，企业债券存量的增长速度达到了 25.1%，远远超过社会融资总量增长速度的 12.5%[②]。但是，我国企业债券市场还有很大的发展空间。2017 年末，我国社会融资总量存量达到 134.64 万亿元，而企业债券的存量为 18.37 万亿元，占社会融资存量总量的比例只有约 10.5%。[③]

在企业层面，与发行股票和银行贷款等企业的其他融资方式相比，发行企业债券可以帮助企业降低资本成本。在宏观经济层面，企业债券市场是国内资本市场的重要组成部分，企业债券市场的发展不仅有助于我国经济结构的调整，还有助于降低国内金融系统的系统性风险，增强金融体系的稳定性。因此，党的十八届三中全会发布《中共中央关于全面深化改革若干重大问题的决定》明确提出，要完善金融市场体系，"发展并规范债券市场，提高直接融资的比重"。党的十九大报告也指出，"健全金融监管体系，守住不发生系统性金融风险的底线"。

自 1984 年恢复企业债券发行直至 2014 年初，我国国内债券市场的一

---

①③　中国人民银行公布的《2017 年社会融资规模增量统计数据报告》，http：//www.gov.cn/xinwen/2018－01/12/content_5256063.html。

②　中国人民银行公布的《2015 年社会融资规模增量统计数据报告》，http：//www.gov.cn/xinwen/2016－01/15/content_5033066.htm。

个显著特点是企业债券一直保持刚性兑付，没有发生债券违约。2014 年 3 月，上海超日太阳能科技股份有限公司宣布无法于原定付息日 2014 年 3 月 7 日按期全额支付该公司发行的"11 超日债"本期利息。"11 超日债"的违约成为我国国内首例违约债券①。

2014 年我国首次发生企业债券违约事件并非偶然，而是与我国经济进入"新常态"的发展阶段存在内在相关性。2014 年 5 月，习近平总书记首次作出我国经济已经进入"新常态"的判断。在经济发展进入"新常态"后，我国经济发展的主要特点就是经济增长速度从此前长期的高速增长转为中高速增长，经济结构不断优化升级，经济增长的动力从要素驱动、投资驱动转向创新驱动。②

我国经济进入"新常态"对国内企业债券的发行与国内企业债券市场的发展都将发生重大影响。

首先，创新取代生产要素的投入成为经济增长的主要驱动力，这意味着资本要素的投入将不再来自超常的信贷增长和货币增长。因此，在信贷增长速度很可能下降的情况下，企业将更多地依赖债券发行等直接融资方式，以筹集资金；同时，企业将需要努力提高资本的使用效率。

其次，经济增长速度由高速增长进入中高速增长，经济增长速度将出现某种程度的下降，这将影响到企业的经营状况，进而影响其偿债能力。此前被经济长期高速增长所掩盖的企业信用风险将逐步显露出来。2014 年 11 月，在亚太经合组织工商领导人峰会上，习近平总书记指出，"新常态也伴随着新矛盾新问题，一些潜在风险渐渐浮出水面。"③ 这些"潜在风险"就包括企业的债务信用风险，即债务到期时，因债务人无力偿还债务本金与利息而给债权人造成的风险。事实上，自 2014 年开始，在我国企业债券市场中，已经出现了为数不少的违约事件。④

再其次，银行系统至今仍是我国企业的主要资金来源。在我国社会融资总量中，银行信贷所占的比重仍然高达约 68%。⑤ 经济增长速度的下降

---

①④ "'11 超日债'成国内首例违约债券"，人民网，2014 年 3 月 5 日，http://finance. peo-ple. com. cn/n/2014/0305/c1004_24528703. html。

② "人民要论：深刻认识我国经济发展新常态"，人民网，2015 年 6 月 2 日，http://theory. people. com. cn/n/2015/0602/c40531 – 27088968. html。

③ "习近平首次系统阐述'新常态'"，人民网，2014 年 11 月 9 日，http://politics. people. com. cn/n/2014/1109/c1001 – 26000293. html。

⑤ 中国人民银行公布的《2017 年社会融资规模增量统计数据报告》，http://www. gov. cn/xinwen/2018 – 01/12/content_5256063. html。

影响企业的偿债能力，这可能导致银行呆账率的上升，增加银行系统的爆发系统性危机的可能性，进而危及国内金融体系的安全。事实上，在最近两年中，国内银行的不良资产率已出现上升的趋势。出于维护我国金融体系安全的考虑，必须降低实体经济对银行信贷的依赖性，这不仅需要鼓励企业（特别是大中企业）进行债券融资，而且需要创建一个发达、规范、高效的债券市场。

最后，建设一个发达的债券市场是我国"金融强国"的金融发展战略的重要组成部分。发展国内债券市场，并对外国投资者开放，将不仅提高我国在国际金融体系中的地位，而且有助于增加我国国内的资金供给，从而在银行信贷与货币供应量的增长都回归"常态"的情况下，降低我国实体经济的资本成本，提高实体经济的国际竞争力。

因此，在我国经济进入"新常态"下，建设一个高效、规范、健全的债券市场尤其重要。规范、高效、健全债券市场的创建不仅需要健全的法律制度与严格的监管，而且还需要学术界结合经济"新常态"的现实，做出具有理论意义与实践价值的研究成果，从而为债券市场的制度建设与政策制定提供坚实的基础。

信用风险是债券的主要风险之一。准确地对债券信用风险进行度量与估价，可以实现债券发行方与投资方两者对债券风险与收益的合理分担，也是发展高效、规范的债券市场的基础条件之一。在我国经济进入"新常态"、债券市场回归正常发展的环境下，研究我国企业债券的信用风险，无论是对于债券发行方与债券的投资者，还是对于债券市场政策的制定者，都具有十分重要的理论意义与实践价值。

本书研究的目的就是结合我国经济进入"新常态"的现实，解决我国企业债券信用风险估价中存在的理论问题。首先，从企业债券信用风险估价模型出发，在系统回顾企业债券信用风险估价模型发展路径的基础上，给出未来信用风险定价模型的发展方向；其次，从企业内部价值、宏观经济环境的不确定性和信息不对称程度视角出发，实证分析在我国市场与经济体制环境下，企业债券信用风险的影响因素；最后，在上述分析的基础上，进一步从公司治理、政府监管和媒体监督角度，实证分析了在我国的市场与经济体制的环境下，企业债券信用风险的影响因素。

本书的主要贡献在于：

第一，结合我国经济进入"新常态"的现实、经济"新常态"的特点以及我国经济转型过程中的法律制度环境与市场环境，研究企业债券的信用风险。现有关于企业债券信用风险的研究存在两个方面的不足：一是现有研究大部分是基于发达国家的企业债券市场，而我国作为转轨经济体，其企业债券市场具有不同于发达国家的法律制度环境与市场环境；二是现有关于我国企业债券市场的研究是基于"非常态"的国内债券市场的。这种"非常态"的一个重要体现就是，银行信贷与货币供应量的长期超常增长掩盖了企业的经营状况，从而掩盖了债券的信用风险，并可能导致市场低估了债券的信用风险。本书的研究基于经济"新常态"，研究假设更符合我国经济与债券市场的现实。

第二，在企业债券信用风险定价模型方面，本书在国内较早系统地评述企业债券信用风险的定价模型发展路径，回答了以下问题：一是在债券可能违约的情况下，怎样判定债券发行过程中是否存在违约？二是是否存在不同的违约判定条件，假如存在，如何判断不同违约判定条件下违约债券信用风险定价模型的优劣？三是随着市场的变迁，假设条件存在放松的可能，如何改进现有的违约债券信用风险定价模型，使之更能拟合违约债券的价格？并指出了未来信用风险定价模型的发展方向。

第三，在现金持有内生性与企业债券信用风险关系方面，首先，本书结合我国债券市场特征开展研究的成果。其次，内生性是公司金融以及经济学领域常见的问题，但在资产定价的过程中较少受到重视。本书将丰富债券信用风险定价的研究，并指出在预测违约风险时要慎重使用现金持有这个变量。再其次，本书结合我国债券市场特点，针对我国发债企业在获得营业外收入方面的差异以及融资约束的不同，研究上市公司与非上市公司现金持有内生决定机制的差异，从而有助于扩展内生性理论的研究结论。最后，本书选择外源性变量与现金持有的工具变量进行回归分析，得到的实证结果能够很好地解释以往研究结论的分歧。

第四，在宏观经济不确定性与企业债券信用风险关系方面，本书以2007年美国次贷危机引发的金融危机为契机，利用我国企业债券的月度面板数据，分析宏观经济不确定性对我国企业债券信用风险的影响程度的成果。这一成果发现，在金融危机爆发后企业债券的信用风险会显著变大。

第五，在信息不对称与企业债券信用风险关系方面，首先，本书利用我国非上市企业债券数据实证检验信息不对称与企业债券信用利差之间的相关性的研究成果。其次，在国内目前的研究中，对企业债券信用利差的研究更多的是从宏观经济环境和微观企业结构两个方面进行的，而从信息不对称角度进行的研究很少。本书能够丰富对企业债券信用利差的文献，并为信息不对称如何影响企业债券信用利差提供新的证据。再其次，基于信息不对称与企业债券信用利差之间的正相关性，本书的研究改进了传统的 BS 定价模型，建立了包含信息不对称的企业债券信用风险定价模型。对这一模型的检验表明，该模型能很好地拟合实际利差。最后，本书根据企业债券的发行环节和上市交易环节，将信息不对称分为发行环节上企业与投资者之间的信息不确定，与交易环节上的投资者之间信息的不对称，并针对两类信息不对称分别提出衡量指标，能够更精确地验证不同环节的信息不对称对企业债券信用风险定价的影响。而且，本书还验证了不完全的会计信息不是造成企业价值不确定的唯一原因，非会计相关的信息不确定，信息不对称对债券信用利差也有着重要影响。

第六，在公司治理与企业债券信用风险关系方面，使用我国上市公司债券与公司治理数据，实证检验上市公司的公司治理结构与债券信用利差之间的关系，得到一些很有价值的结论，如公司治理与债券信用利差之间存在显著的负相关性，即良好的公司治理能够降低公司债券的信用利差；除了直接影响债券信用利差外，公司治理也能通过改善公司业绩、减少管理者与投资者之间的信息不对称程度来减少债券的信用利差；同时，在国有企业与民营企业两种不同的企业中，公司治理对信用利差的影响不同，然而，这并不意味着民营企业受到了债券投资者的歧视。本书的研究有助于了解在我国国内债券市场中公司债券怎样定价的，从而帮助企业降低信用利差，降低债券融资成本。

第七，在企业社会责任与债务融资成本关系方面，首次，使用沪市上市公司发债企业数据，分析企业社会责任与债务融资成本之间的关系。以往的文献主要研究企业的社会责任与资本成本或者是银行信贷成本，本书则研究企业社会责任与债券融资成本之间的关系。其次，以往关于企业社会责任与资本成本的研究主要以发达经济体为研究对象。作为一个重要的发展中国家，我国的制度背景与发达国家存在显著差别。再其次，相比于现有文献，本书进一步研究了企业社会责任的不同维度（环境、员工、消费、社区以及企业相关利益者角度）对债务成本的影响。然后，通过研究公司治理、企业社会责任与资本成本三者的关系，本书展示了企业社会责任是如何发挥作用，如何作为公司治理的另一种方式降低债务融资成本的。最后，基于信息效率与信息租金理论，分析了投资者异质性（内部知情投资者与其他投资者）对企业社会责任与债务融资成本之间关系的影响。

第八，在企业社会责任与债券信用风险关系的影响机制方面，本书探讨了发债企业社会责任与其债券信用利差之间的关系，并验证了企业社会责任会通过降低信息不对称来减少债券信用利差这一理论机制。本书的研究结果从债券融资成本的角度为企业通过承担社会责任以降低融资成本、提高财务绩效提供了实证证据。

第九，在评级机构数量选择对信用风险监管影响方面，从政府对评级机构的数量选择角度出发来研究串谋风险的监管。本书研究认为，评级机构的数量越多，串谋风险越大。对评级机构数量进行合理选择是控制风险的重要手段。通过充分的信息披露可以降低串谋风险。

第十，在媒体监督与债务融资成本关系方面，首先，本书以债券市场为研究对象，使用我国债券市场数据研究媒体监督与债务融资成本之间的关系，丰富了媒体监督研究的广度与深度。其次，本书丰富了公司治理对融资成本影响的研究。本书的研究在控制了企业公司治理的影响下，媒体监督仍然能降低企业融资成本。这表明，企业未来利益不仅能从企业公司治理中获得，也能从媒体监督中获得，从而支持媒体监督的治理作用与重要性。最后，本书研究同时也发现，由于我国资本市场的不完善，法律法规配套设施的不健全，急切需要媒体监督发挥其治理作用。同时，对于媒体这一有限资源，应该进行合理分配，这些研究结果对于相关政策制定者制定相应措施提供了依据。

目　　录

第一章

企业债券信用风险定价模型研究综述

债券信用风险是指债券到期时，因债务人无力偿还债券面值与利息而给债券持有人所造成的风险。债券信用风险的存在导致债券未来的收益存在不确定性，从而影响债券的价值。

本章以期权定价与现金流贴现理论为基础，剖析企业债券信用风险定价模型的产生及发展的原因，对债券信用风险定价模型以及影响因素进行比较系统的整理和评述，并分析未来信用风险定价模型的发展方向。

第一节 企业债券信用风险定价模型

一、引言

股权融资与债权融资是公司融资的主要渠道。在西方资本主义国家，债券融资已成为公司获得资金的主要渠道。无论是对于债券发行方，还是债券投资者，对债券进行准确的定价都非常重要。经典定价理论认为，债券的价值等于债券未来各期所支付利息与债券到期时所还本金的现值之和。由于企业债券违约风险的存在，并随着定价理论的发展，债券定价模型不再局限在利息与现值的理论框架中，而逐渐演化为未来存在违约状况下的债券定价。

根据巴塞尔委员会的定义，信用风险是指银行的借款人或交易对象不能按事先达成的协议履行其义务的潜在可能性。债券信用风险是指债券到期时，因债务人无力偿还债券面值与利息而给债券持有人所造成的风险，它是企业债券的首要风险因素。违约风险的存在导致债券未来的收益存在不确定性，从而影响债券的价值。只有正确估计债券的信用风险，债券的价值才能被正确估计，才能确保债权人与债务人合理分担风险与收益。另外，有学者（Howard，1996）认为，信用风险属于非系统性风险，不能使用基于马科维茨（Markowitz）现代资产组合理论建立的资本资产定价模型（CAPM）或基于组合套利原理建立的套利定价模型进行信用风险定价。基于违约风险对于债券定价的重大影响，在债券定价模型发展的50年中，大量研究将注意力集中于债券存在违约状态下的资产定价[①]。

债券定价以风险中性概率、随即折扣因子、利率模型等相关研究为基础。考虑到风险中性概率等相关内容与相关文献较多，本节研究将综述的范围仅限于信用风险定价模型本身，而不包括风险中性概率等相关领域的研究将回答以下问题：一是在债券可能违约的情况下，怎样判定债券发行过程中是否存在违约？二是是否存在不同的违约判定条件，假如存在，如何判断不同违约判定条件下违约债券信用风险定价模型的优劣？三是随着市场的变迁，假设条件存在放松的可能，如何改进现有的违约债券信用风险定价模型，使之更能拟合违约债券的价格？通过整理近年来有关理论与实证文献，并对信用风险定价模型进行比较系统的整理和评述，本节研究试图回答以上三个问题，并分析未来信用风险定价模型的发展方向。

本节其他部分安排如下：第二部分基于期权定价理论与现金流贴现理论建立信用风险定价的基本分析框架；第三部分从违约门槛、利率、资产价值服从过程三个方面来回顾结构模型的发展；第四部分从不同违约强度、信用评级方法、信用价差三个方面回顾强度模型的发展；第五部分回顾混合模型的发展；第六部分简评并指出未来的发展方向。

二、基本分析框架

债券信用风险定价模型主要基于期权定价理论（刘海龙和吴冲锋，2005）与现金流贴现理论，并分别建立了关于信用风险定价的结构模型以

---

① "信用风险定价"对应的英文为"credit risk pricing"、"pricing of credit risk"或"price credit risk"。在英文文献中，"credit risk pricing"等三个都是常用的词（Kao，2000；Schmid，2004；Ghamami and Zhang，2013）。在本节中，"信用风险定价"与"基于信用风险的定价"同义，即以利率或者其他费用的方式衡量借贷风险。其中，债券的利率不仅仅被借款额的时间价值所决定，且还要被债券的违约概率所决定，本节主要对债券的违约风险进行定价，以便风险中性的投资者在购买债券得到合适的风险溢价补偿。

及强度模型。

（一）结构模型

债券未来收益的不确定性导致难以准确地对债券进行定价。直到布莱克等（Black et al.，1973）提出期权定价理论，债券定价问题才首次得到较好的解决。布莱克等（1973）假设如果除债权外的其他融资手段都是股权，则零息公司债券的信用风险价值就等于基于公司价值的卖出期权价值。其中，期权的买者是信用风险的出售者，期权转让者是信用风险的购买者。期权购买者通过给期权转让者一定的期权费用来获得违约发生时获得清偿支付的权利。所以，债权人需要持有一个卖出期权才能获得无风险的支付，即满足以下等式：$F \cdot \exp(-rt) = D_0 + P$，其中，$P$ 为 B-S 公式计算出来的卖出期权，D_0 为有信用风险债券的价格。所以，有信用风险债券的价格等于无风险价值减去一个卖出期权。

在上述等式中，卖出期权的定价便显得十分重要，期权的计算一般采用 B-S 期权定价模型。该模型设定了如下假设条件：不存在无风险套利；不存在交易费用；不存在税收；无风险利率 r 为常数，且对于所有到期日的期权都相同；金融资产价格符合对数正态分布，等等。B-S 期权定价模型基于无套利市场的原则，即在无套利市场中，具有相同未来收益的资产组合应具有相同的价格；通过构造一个相同的投资组合，使得该投资组合的未来收益与期权的未来收益相同，则该投资组合的构建成本就是该期权当前的价格。布莱克等（1973）根据该思想构建了期权价格变化的随机微分方程，通过对微分方程的求导，得到未来收益的欧式看涨/看跌期权价值。

1974 年，默顿（Merton，1974）在布莱克等（1973）的期权定价理论上建立了对违约风险债券进行定价的结构模型。结构模型的研究框架如下：

（1）基本原理。结构模型认为，公司资产价值下降是违约发生的根本原因，当公司的资产价值小于债券的面值时，公司就会发生违约。在结构模型中，违约被视为一个内生过程。

（2）研究假设。默顿（1974）的模型对市场环境、企业价值、利率与资产等因素作出了比较严格的假设。关于市场环境的假设如下：第一，市场是完全有效的；在债券到期时，没有红利与其他类型证券的发行；不存在费用交易；资产是完全可分的；破产成本为 0。第二，债券市场上存在大量的买方，任何人都无法操控债券价格。关于企业价值的假设：第一，债务偿还顺序不能违反优先权原则，以保证债权人的利益。第二，公司价值可以按照资产价值衡量，与资本结构无关。关于利率的假设：第一，借款利率与贷款利率相等。第二，存在无风险资产，资产的回报率是已知且固定不变的。因此，承诺在未来 ζ 时间上支付 1 美元的无风险折现债券的价格为 $P(\zeta) = \exp(-r\zeta)$，其中，r 是瞬时无风险利率。关于资产的假设：第一，资产可以连续进行交易，以保证资产有着连续性特征，便于衡量。第二，公司的价值遵循伊藤（Ito）过程。$dV_t/V = \mu dt + \sigma dZ_t$，其中，$\mu$ 为基础资产的瞬时收益率，σ 为基础资产收益率的波动率，V 是一个标准的维纳（Wiener）过程。

（3）基本模型。基于以上假设，到期违约债券的价值为：$D_T(V, T) = \min(V_T, F)$，其中，F 为债务的账面价值。$\bar{B}(V, t)$ 表示 t 时刻信用风险债券的价格，其满足的微分方程为：

$$\frac{\sigma_t^2}{2} V^2 \frac{\partial^2 \bar{B}}{\partial V^2} + rV \frac{\partial \bar{B}}{\partial V} - r\bar{B} + \frac{\partial \bar{B}}{\partial V} = 0 \qquad (1-1)$$

另外，卖出期权的价值为：

$$P_E(V, \tau) = Fe^{-r\tau} N(-d2) - V(-d1) \qquad (1-2)$$

其中，$d_1 = \dfrac{\ln(V/F) + (r + \sigma^2/2)\tau}{\sigma\sqrt{\tau}}$，$d2 = d1 - \sigma\sqrt{\tau}$，最后，可以根据式（1-3）计算出违约债券的价值，即：

$$\bar{B}(V, \tau) = Fe^{-r\tau} - P_E(V, \tau), \quad \tau = T - t \qquad (1-3)$$

（二）强度模型

在结构模型中，违约被定义为公司资产的价值小于债券价值时所发生的事件。强度模型不考虑公司违约机制的作用，而是直接求解瞬时违约概率，并利用贴现法对债券价格进行估计。强度模型将违约视为一个无法预测的突发事件，或者视为由违约强度决定的随机事件。违约强度取决于利率、时间、股票价格、信用等级等一系列外生变量，并且可能受到其他公司的违约影响。

贾罗等（Jarrow et al., 1995）在信用风险定价模型中引入了强度的概念，并提出了第一个强度模型。该模型假设一定时间内违约是随机发生的，而违约的概率是时间的函数，违约时间 ζ 是由违约强度 λ 确定的泊松（Poisson）过程。该强度模型对债券信用风险定价的原理在于：如果将违约定义为一个泊松过程的首次到达时间 ζ，且把具有某种不变的平均到达速率称为强度（λ）。在时间 Δt 内，公司发生违约的概率 $p = \exp(-\lambda\Delta t) \approx \lambda\Delta t$，这里违约强度（λ）是市场信用风险的瞬时灵敏调整度。随后，采用现金流贴现的方法对信用风险债券进行定价，其公式如下：

$$D = \exp(-rt) \times [p \times Z + (1-p) \times \delta Z] \qquad (1-4)$$

其中，D 为风险债券价值，Z 为债券面值，δ 为挽回率（recovery ratio）。式（1-4）的关键在于违约率 p 的获得。

三、结构模型的发展

从式（1-3）中可以得到三个关键变量，即公司市场价值的欧式看跌期权、债券面值以及利率。公司市场价值的欧式看跌期权由默顿（1974）模型计算得到，但默顿（1974）模型的假设条件过于严苛。第一，默顿（1974）模型假设只有当债券到期时，且企业资产价值小于债券价值时，企业才可能发生违约行为，但这一假设与实际情况并不完全相符。第二，在默顿（1974）模型中，债券面值往往看成是否发生违约的阈值，这与实际情况也不完全相符。琼斯等（Jones et al. , 1984），弗兰克斯等（Franks et al. , 1989）的研究发现，在上述假设下，根据默顿（1974）模型计算出的信用风险明显小于实际信用风险。因此，很多研究者（Madan et al. , 1998；Longstaff et al. , 1995）对默顿（1974）模型进行了完善和发展。

（一）违约门槛

默顿（1974）模型认为只有在债务到期时，且企业不能偿还债券的面值时，企业则违约。也就是说，企业违约只有在债务到期时才发生。在这种情况下，会使投资者面临的风险增加以及企业的投资机会加大。琼斯等（1984），弗兰克斯等（1989）研究发现，当模型遵循该假设时，计算出的信用风险明显小于实际的信用风险。因此，一系列研究已对违约门槛以及违约发生条件进行了扩展研究。

布莱克等（1976）放松了违约门槛设定条件，认为违约可以发生在任何时候，当企业的市场价值低于某个给定的外生阈值时，公司就会出现违约行为，而该阈值则是一个随时间而变化的函数，通过对违约门槛进行修改，计算出的信用风险与实际观察到的更加一致。许等（Hsu et al. , 2010）认为，在布莱克等（1976）模型中，企业价值 V 和违约边界 B(t)

并非直接对公司债券定价产生影响，而是通过 $S(t) = \ln[V/B(t)]$ 对公司债券产生影响；许等（2010）并假设当 $S(t)$ 首次等于 0 时，公司发生违约。在此基础上，他们考察了资产变动率以及债券期限等因素对信用利差的影响。

在违约门槛的研究上，科林－迪弗雷纳等（Collin－Dufresne et al.，2001）支持了布莱克等（1976）的结论，违约门槛与公司价值 V 呈正相关关系。惠等（Hui et al.，2003）发现，违约门槛随着时间的推移而降低，并进而导致违约风险会随着债券到期日的接近而增加。惠等（2003）假设触发违约的条件是公司资产的价值首次达到违约门槛。该违约门槛与债务合约有关或者是基于优先权价值的最佳条件而设定，因此，违约事件可以发生在到期日之前；但公司价值小于债务价值时，不一定会触发违约。布伦南等（Brennan et al.，1978）运用布莱克－斯科尔斯（Black－Scholes）期权定价理论，兼顾公司所得税和破产成本，建立了公司债权、公司价值与违约门槛的函数关系式。还有一些研究（Longstaff et al.，1995；Nielsen et al.，1993；Mello et al.，1992）考虑了代理成本的影响，设立了内生的永续债务的内生模型。这些模型假设公司股东在最大化自身利益的基础上会提前违约。梅拉－巴拉尔等（Mella－Barral et al.，1978）从公司破产时股东和债权人博弈的角度出发，建立了违约门槛模型。但是，也有一些研究认为违约门槛是固定的（Longstaff et al.，1995），他们提出将公司资产价值首先达到的违约阈值设为 K（一个确定值）。

以上研究均假设违约的结果是破产清算，但安德森等（Anderson et al.，1996）考虑了债务重组的可能性，提出了债务重组模型，发现信用价差受到破产成本、杠杆比率以及公司价值波动率的影响。许等（2010）认为，当公司未来持续价值 $V(t)$ 低于破产重组价值 $K(t)$ 时，公司发生违约，其中，$K(t)$ 服从是包含利率、资产等变量的伊藤过程。

以上研究都是以企业是否触及违约条件作为违约的充分条件。但是现实中，有些业绩很好的企业可能在一定的时间点上由于资金周转上的问题以致其触及了违约条件，如果要求其强制破产，那么可能会造成企业投资积极性降低或者使社会财富减少。所以，有些研究对这个触及违约条件的时间进行了扩展。默拉克斯（Moraux，2004）在违约持续期研究的基础上建立了展期模型，该模型假设只有当公司资产价值低于某一阈值达到一定时间 Δ 后，才能被判定为违约，违约时间被定义为 A1。进一步，默拉克斯（2004）将连续时间改为累计时间，即公司资产价值低于某阈值累计达到一定时间后，才会发生违约行为，违约时间被定义为 A2。当违约持续期为 0 时，展期模型即成为首达时间模型，而当持续期为债券到期时，就成为默顿（1974）模型。最后，假设公司资产价值连续低于某一阈值 B 达到某一期限 Δ，或者低于某一更低的价值 B⁻时，就判定为违约，违约时间定义为 A1 与 A2 的最小值。

（二）利率

默顿（1974）模型假定，市场是完全的，资产回报率是已知的且固定不变的。但是，现实中的资产回报率因受到很多因素的影响而变动不定。例如，利率常常是变动不定的（Leland et al.，1996），而默顿（1974）模型没有考虑利率风险对于信用风险的影响。所以，一系列研究从利率角度对默顿（1974）模型进行了扩展。

默顿（1974）模型假设公司价值与无风险利率无关，但这不符合实际。为了克服这个缺陷，利兰等（Leland et al.，1996）考虑了无风险利率和公司价值的关系，并将这种关系纳入了模型当中。在他们的模型中，无风险利率的变化导致贴现率改变，并进一步对信用利差产生影响。进一步，沙-雷克霍等（Saa-Requejo et al.，1999）分别考虑了信用风险和利率风险相互独立和相互关联的两种情形，并在此基础上，提出了基于违约风险的债券定价模型。阿尔巴纳斯等（Albanese et al.，2006）构造了一个利率函数，使其与信用等级转换概率、历史违约概率、信用逆差曲线保持一致。

上述研究认为利率受到其他因素影响，另外，默顿（1974）模型没有考虑利率风险对于信用风险的影响，而是假设了一个理想的扁平利率期限结构，因此，对于利率的期限结构的扩展也受到许多研究者的关注。朗斯塔夫等（1995）假设利率 r(t) 服从瓦西塞克（Vasicek，1997）利率过程。同时其研究表明，长期无风险利率与信用价差呈现反向的关系。伯利斯等（Briys et al.，1997）在改进朗斯塔夫等（1995）时，采用了一般化的瓦西塞克（Vasicek）过程。然而，存在另一些研究认为，利率是一个随机过程，比如，金姆等（Kim et al.，1993）将短期利率的随机过程纳入了模型当中，采用了随机利率过程，假设利率遵循科克斯-英格索尔-罗斯（Cox-Ingersoll-Ross）过程，并将其纳入默顿（1974）模型中。金姆等（1993）实证结果表明，在拟合现实的违约风险溢价时，金姆等（1993）的模型要优于默顿（1974）模型。

（三）资产价值服从过程

在资产价值过程方面，默顿（1974）将资产价值过程视为一个伊藤过程，即一般化的维纳过程。由于假设关于资产价值和违约阈值的信息是完全的，所以资产价值和违约阈值之间的差距代表了发生违约的可能性。如果差距比较大，则公司资产价值达到违约阈值需要一定的时间，所以短期内达到违约的概率几乎为零，信用价差也接近于零。这种假设使得符合伊藤过程模型的违约具有可预测性，但这并不完全符合现实。

为了增加违约触发点的动态性、减少违约触发点的可预测性，周（Zhou，2001）引入了公司价值的跳跃—扩散过程，在公司资产价值的跳跃—扩散过程中加入了一个符合对数正态分布的跳跃变量 dY_t。公司资产价值服从一个跳跃过程。跳跃—扩散模型能够产生与市场实际情况相适应的各种信用价差曲线（如向上倾斜、向下倾斜、平坦等）。由于跳跃 dY_t 的作用，公司资产价值可以突然下降到违约阈值而发生违约，使短期债券的违约概率和信用价差不再趋向于零，而违约时间 ζ 变得不可预测。进一步，周（2001）继续在上述模型的基础上进行了扩展，只允许资产价值从上向下跳跃的 Levy 过程，使公司价值符合更一般的跳跃—扩散过程。希伯林克等（Hilberink et al.，2002）允许资产价值可以自上向下和自下向上的两个方向发生跳跃，于戈尼耶等（Hugonnier et al.，2012）建立了一个动态的资本结构模型来估计公司资产价值。

四、强度模型的发展

与结构模型分析框架不同的是，在强度模型中，违约不再依赖于企业资产的价值，企业的违约过程取决于外生变量。强度模型基于风险率（riskiness）模型而提出。风险率模型将复杂的违约机制简化为简单的概率分布。定义泊松分布的基本参数 λ 为违约强度，根据 λ 计算出违约概率，进而对债券信用风险进行定价。

通过违约强度可以计算得出违约时间，由违约时间可以得到违约概率，但是，由于不同公司的违约率不同，所以违约强度 λ 变量的设定极为重要。有必要对违约强度 λ 进行扩展研究。基于违约强度 λ 的扩展，强度模型又可以分为三个分支：基于违约方法、信用等级变动方法和信用利差方法。

（一）不同违约强度

在强度模型框架中，假设违约强度是固定不变的，但现实并不是这样。根据贝叶斯原理，随着时间的推移，人们认识事情的能力在加强，将会获得更多新的信息，这些信息又提高了人们的认知能力，对违约强度的判断不断更新。

兰多（Lando，1998）与贾罗等（1997）提出违约强度随时间变化以及强度是个确定的连续变量。他们假定到期时间 T 的违约债券 t 时的价格为 B(t，T)，在已知违约率、挽回率与无违约风险债券价值 P(t，T) 的情况下，违约债券的价格可由下式得到：

$$B(t，T) = P(t，T)\{[1 - q(t，T)] + q(t，T)\Phi\}$$
$$= P(t，T) - P(t，T)[(1 - \Phi)q(t，T)] \qquad (1-5)$$

其中，q(t，T) 是在时间 T 到期的违约债券 t 时的违约概率；违约过程可用扩散过程或者跳跃扩散过程来描述；跳跃强度是持续的或者是随时间变化的，依赖于宏观变量（如宏观经济状况）或者公司参数；挽回率（Φ）是公司债券面值或者无违约风险债券到期时的市场价值的分数。

兰多（1998）进一步发展了违约强度的概念，将强度看作随机变量，违约过程用 Cox 过程描述。违约时间为带有连续时间随机强度 λ(t) 的 Cox 过程发生第一次跳跃的时间，记为 ζ。

然而，赫尔等（Hull et al.，2010）认为，兰多（1998）所要求的 Cox 违约过程的相关程度较低，与现实相差较大，即使两个违约强度完全相关，在任意时段得到的相关系数也比较低。在此基础上，贾罗等（2001）认为，可以在公司的违约强度中引入其他公司的违约传染效应，即当一个公司发生违约的时候，其他公司的违约强度将会发生一个向上的跳跃过程。另外，在此基础上可引入衰减函数，用来表示当一方发生违约时，对其他公司产生的影响呈现一个逐渐衰减的过程，从而使模型变得更加符合实际状况。

在强度模型的基础上，达菲等（Duffie et al.，1999）将违约损失参数简化为违约时债券市场价值缩减的一部分，即可用分析无风险债券相同的方法来分析风险债券的定价，而贴现率包括无风险利率加上由风险率与违约时市场价值违约预期损失的部分函数组成的调整系数。并假设在 t 时刻之前的市场信息都是可得的情况下，风险债券短期利率过程 r 用加上违约调整的短期利率过程 R = r + hL 来代替①，进一步，达菲等（1999）在上述等式中考虑了流动性的影响，用违约和流动性调整的短期利率过程来替代，即 R = λ + hL + t。

（二）信用评级方法

这种方法由贾罗等（1997，2001）提出，可以看作基于违约强度模型的一种拓展。在前述违约强度模型中，违约的发生被看成具有不确定性的随机过程，而基于信用评级方法的强度模型则把违约看成状态空间转移过程中首次达到信用违约状态的情形。前者的过程服从泊松分布，后者服从马尔可夫过程。后者主要强调如下问题：（1）即使没有违约发生，信用价差也会变化；（2）特定信用衍生品的回报率是基于信用评级或者其他信用事件的发生。

基于信用评级方法的信用风险定价模型将违约视为有限状态空间的马尔可夫过程，通过对信用评级矩阵的风险溢价因素进行调整，使由模型得到的风险定价和实际的风险价格更加一致。贾罗等（1997）提出，在信用评级中，破产过程服从一个离散的状态空间马尔可夫过程。在此基础上，贾罗等（1997）提出了以马尔可夫模型来衡量信用风险利差的贴现模型，该模型通过马尔可夫链对债券信用等级的变化过程进行描述，并认为违约时间和无风险利率之间是相互独立的。上述的马尔可夫链仅仅只涉及离散情况，兰多（1998）把离散型模型扩展到连续时间的信用评级马尔可夫过程中。由于状态的变化导致信用等级的转移，对于很小的时间 Δt，可以把这个转移矩阵看成企业从当期的信用等级经 Δt 时间后转移到其他等级的概率矩阵。

在上述研究的基础上，麦尼奥特里奥等（Meneonteiro et al.，2006）提出运用有限非同质持续时间的半马尔可夫链过程来描述基于时间的转移矩阵，表明违约率函数的非参数估计能持续地预测基于时间的转移矩阵。福尔特斯等（Fuertes et al.，2007）认为，将贾罗等（2010）的离散时间马尔可夫链拓展到持续时间的马尔可夫链，可以改善估计结果。弗里德曼等（Frydman et al.，2008）和卡达姆等（Kadam et al.，2008）将原始的马尔可夫链模型拓展到了双马尔可夫链混合模型中，这两者的区别在于前者是基于最大化的可能性模型，而后者主要使用贝叶斯估计。该模型的缺

---

① 利用利率调整方程式：$\frac{1}{1+R} = \frac{1}{1+r}\left[h\Delta t(1-L) + (1-h\Delta t)\right]$，当 Δt 趋向于 0 时，R ≈ r + HL。

点在于将清偿率假设为常数，并假设同一信用等级的债券都具有相同的违约过程，这与现实是不相符的。

（三）信用价差

信用价差为债券的到期收益率与无风险利率之差，它是债券投资者为承担债券的信用风险而得到的补偿。

达菲等（1999）认为，可以使用无违约风险债券的定价方法对有违约风险的债券进行定价，但需要在无违约风险债券的贴现率的基础上加上信用利差，以作为有违约风险债券的贴现率。这样，信用价差就至关重要，怎样计算信用价差是违约风险债券定价的关键。为了更好地计算信用价差进而获得贴现率，信用价差模型通过将信用价差拆分为违约率和挽回率，从而简化了信用风险定价的难度。高（Kao，2000）将传统的利率 r 替换为风险债务合约的收益：$R = r + q(1 - \Phi)$。利率 r 和违约率 q 服从伊藤过程，这样，定价过程可以看作三个随机过程（即无风险、违约和挽回率）的组合，风险调整折现率 R 能被定义为 $r + q$。

朗斯塔夫等（1995）提出了一个新的方法来衡量公司的债务风险，这个债务风险包括违约与利率风险。朗斯塔夫等（1995）发现，违约风险之间有较强的相关性，且利率对信用利差有明显的影响，信用利差与利率和债券的风险呈负相关，持续时间取决于相关利率的大小。基于此，马登等（Madan et al.，1998）把违约风险分解成时间风险以及挽回风险。

五、混合模型的发展

利用结构模型与强度模型的优势，并克服二者不足的基础上，混合模型迅速发展起来。混合模型从企业的财务结构出发来分析违约强度，结合结构模型的内生性与强度模型的外生性特点，将结构模型和强度模型有机结合，能更好地符合现实情况。

达菲等（2001）认为，公司资产价值不是可以观测到的，公司的真实价值是可观测的公司价值与一个随机扰动项的和。在此基础上，达菲等（2001）首次提出了混合模型的概念。

混合模型最具代表性的是吉塞克（Giesecke，2006）提出的模型，其模型允许违约边界和公司资产价值一样具有不确定性。吉塞克（2006）将资产回报过程定义为一个动态的过程 $M(t)$[①]，对任意 $t \geq 0$，运用 $M(t)$ 是反高斯过程的事实，求出违约概率。另外，在不具备公司完整信息的情况下，吉塞克（2006）发展了一种能够运用到各种价差模型中去预测未被预期到的违约模型框架中。通过该模型框架能够得出在特定条件下的封闭解，投资者可以运用信用价差模型来预测未被预期到的违约概率，并运用连续的补偿因子对信用利差进行定价。

此后，一些研究对混合模型做出了进一步发展。陈（Chen, 2002）提出，可以利用市场信用价差数据和强度模型获取违约强度的信息，并通过这种方法求出有关跳跃过程参数的期望值，然后通过结构化模型来获取公司资产价值和违约强度的完全信息，并进行信用风险违约定价。贝诺斯等（Benos et al., 2007）扩展了混合方法，在假设资本更加复杂、债券利息分期支付、违约点具有随机性的条件下，提出了利用财务比率、其他会计数据和风险中性条件下的违约概率估计企业债券价格的方法。郭等（Guo et al., 2009）提出了由信息延迟而产生的混合模型，该模型中的回复率由公司资产和负债的比确定，模型能够提供违约之前和违约之后公司的违约强度、破产强度、零息债券价格。

六、简评及未来发展方向

目前，国际上信用风险的定价方法主要分为三种类型，即结构模型、强度模型与混合模型。根据违约判定条件的不同，可以将债券信用风险定价模型分为结构模型和强度模型。结构模型以默顿（1974）模型为原型，以企业资产价值等历史数据为参数，运用 B－S 公式对信用风险进行定价。结构模型认为，公司资产价值下降是违约发生的根本原因，当公司的资产价值小于债券的面值时，公司就会发生违约，结构模型将违约视为一个内生的过程。强度模型假设违约不再依赖于企业的资产价值，并运用外生变量来描述企业的违约过程。强度模型基于风险率模型，风险率模型将复杂的违约机制简化为简单的概率分布，以泊松分布的基本参数 λ 为违约强

---

① $M(t)$ 过程为：$M(t) = \min_{s \leqslant t}[u - 0.5(\sigma_v^2)s + \sigma_v W_s]$，其中，$\sigma$、$u$ 分别为资产的波动和预期收益率，W_s 为标准的布朗运动，M 为资产回报的历史低点。因此，违约概率可以通过下式表述：$p[\tau < T] = p\left[M(t) \leq \ln\dfrac{k}{V(o)}\right]$，其中，$\zeta$ 为首次触发违约的时间，K 为违约边界，V_0 代表资产的初始价值。

度，计算出违约概率，进而对债券信用风险进行定价。混合模型利用结构模型的内生特点与强度模型的外生性特点，将结构模型和强化模型有机结合。其实质是在利用公司资本结构的基础上，引入了违约的外生性过程，将结构模型中违约时间的可预见性减弱，通过引入"跳跃"与"违约强度"，对信用风险进行定价。

本节的文献分析表明，首先，对于违约发生机制，不同的理论有不同的判断，并因此发展出不同的债券信用风险定价模型。其次，模型的复杂性以及数据的难获得性给债券信用风险定价模型估计带来了困难，不同信用风险定价模型所要求的数据与估计方法存在明显差异。此外，债券信用定价模型在估计方法以及数据要求上的不同会导致真实信用风险度量以及经济学意义解释上的差异。因此，在运用模型时，需要熟悉模型的运用范围与条件，并结合企业特征，选择合适的定价模型。

以下，本节研究从模型理论基础、数据的可获得性、模型的解释力以及模型的经济学意义这四个方面对结构模型与强度模型进行评述，并作出展望。

从模型的理论基础来看，结构模型通过公司资产价值运动过程来度量公司违约状况，认为公司的资产价值是一个动态变化的随机过程，继而运用期权定价公式对公司的信用风险进行定价。根据期权定价理论，信用风险价值被看成一个卖出期权，并由 B－S 公式求出这个期权的价值，从而得到信用风险债券价值为无风险债券价值减去卖出期权。强度模型认为，违约是一个外生的过程，它与公司的资本结构和资产价值无关，并运用泊松分布来计算债券的违约概率。得到违约概率之后，根据现金流贴现模型，信用风险债券的价值等于违约与不违约状态下的现金流贴现的期望。

从数据的可获得性来看，在结构模型中，公司市场价值被设定为等于公司债务的市场价值与公司股票的市场价值之和，其中，股票市值数据来源于股票市场。公司债务的市场价值较难确定，这导致难以对结构模型进行实际检验。强度模型认为，通过计算不同信用风险产品的价差就能够得到违约率和违约差异率，并且认为债券的市场价格充分包含了违约信息，但前提是需要一个充分有效的债券市场。混合模型需要估计股票每天的价格、股票价格的波动、公司负债和利率。结构模型和强度模型以市场数据为基础。相对于债券市场而言，股票市场的流动性更强，更为活跃，信息不对称程度更低。结构模型主要基于股票市场数据，因此，从数据的可获得性来看，结构模型优于强度模型。

从模型的解释力来看，结构模型存在一些不容忽视的弊端。例如，默顿（1974）的结构模型具有以下缺陷，首先，它不能刻画债券突然发生违约的情况；而且该模型虽然强调了公司价值在违约时的核心作用，但是并未考虑风险债务挽回率的变化取决于公司违约时的剩余价值。其次，该模型要求，在公司违约的情况下，清偿必须按照特定的顺序进行，但这一假设并不符合实际，有学者的实证研究发现，清偿优先顺序通常被违背（Franks，1989）。最后，该模型没有考虑债券的信用等级对违约的影响。强度模型在一定程度上克服了结构模型的上述缺陷。例如，强度模型允许突然违约的存在，并将违约强度设为一个外生变量，从而提高了模型的违约预测能力；此外，强度模型比较简单，便于验证，容易拓展。但强度模型也存在着一定的缺陷。例如，强度模型对违约时挽回率的假设有多种形式，但在现实中，挽回率的计算通常是以评级公司的估计为基础的，用可违约债券的面值进行统计分析得到。这与强度模型的多种假设不同，所以对模型参数的估计可能会不准确。正是由于这两种模型存在各自的优缺点，混合模型得到了发展的契机。

从模型的经济学意义来看，结构模型与信用风险分析的常规思路是一致的：当公司资产大于公司负债时，公司有能力清偿负债；反之，公司有可能发生信用违约。因此，结构模型具有较强的经济学含义。强度模型原理简单，函数形式也更为灵活，在无套利市场的假设条件下，可以运用现金流贴现法进行分析。违约模型在信息不对称以及缺乏违约点和预期违约挽回率的情况下，更加适用。在强度模型中，虽然违约事件能够被定义为一个突发事件，是外生的，可以使用基于泊松分布的强度计算违约率。但是，该泊松过程对违约的发生并没有确切的经济学解释。因此，虽然强度模型的应用程度优于结构模型，但与结构化模型相比，强度模型的经济学含义较弱。

综上所述，这三种模型都具有各自的特点，基本假设和应用条件都存在着一定的差别。从国内外信用风险定价模型的发展现状来看，未来的相关研究可能在以下方面展开：

首先，企业之间的信用风险是相互影响的，同时信用风险也受到其他风险的影响，从而造成一个企业债券的价值与其他企业债券的价值具有相关性。在未来研究中，可以采用科普拉（Copula）函数来度量违约的相关性，进而分析存在相关性条件下的违约债券定价。

其次，在结构模型中，衡量企业资产价值的模型只涉及线性模型。在线性模型发展的同时，非线性模型（例如，CEV 模型、广义抛物线扩散模型）也在发展。在克服非线性模型数值计算困难的同时，未来研究可以用非线性模型来衡量企业的资产价值。

再其次，结构模型和强度模型各自都存在着一定的缺陷（比如，结构模型存在短期信用利差不可能大于 0、公司资产价值的不可观测等问题；强度模型中的违约强度的外生性问题，等等），因而，如何克服这些缺陷是深入研究的方向。结合了结构模型与强度模型特点的混合模型将有进一步发展的空间。

最后，行为金融学的研究表明，投资者的心理、情绪能够影响资产的价格，而传统定价模型没有充分考虑这一点。这也是证券市场中的大量现象无法在传统定价模型下得到解释而被称为"异象"的原因。例如，龚朴与高原（2010）认为，2008 年次贷危机并不能完全用现代经典理论或模型来解释，因为它是投资者行为的结果。未来债券定价研究需要借鉴心理学、行为学和社会学等多学科交叉的前沿成果，应用行为金融学的理论与方法，充分考虑投资者行为对债券信用风险定价的影响。

第二节　企业债券信用风险定价影响因素

一、引言

企业债券融资优势理论认为，企业债券在降低银行系统风险，保持稳定的国家融资结构方面可以发挥重要的作用。就筹集债务性资金而言，发行债券是银行贷款的直接替代物，它可规避过度依赖银行而带来的不良贷款危机[1]。自 19 世纪 60 年代企业债券诞生至今，企业债券发行主体由最初的以铁路、矿产企业为主发展到各行各业，不仅经历了 19 世纪末的扩张期，还经历了 20 世纪初的违约潮。不仅如此，伴随着企业债券的发展，出现了大量的影响企业债券信用风险定价的文献，这些文献对企业债券市场的发展起到了至关重要的作用。

---

① Cantillo M. and J. Wrigh, "How Do Firms Choose Their Lenders? An Empirical Investigation", *Review of Financial Studies*, Vol. 16, No. 4, 2000, P. 46.

近年来，国外对企业债券信用风险影响因素的研究主要基于企业内部价值、宏观经济环境的不确定性和信息不对称程度三个视角展开的。接下来，本节研究就从这三个角度对这一领域的主要文献进行系统的梳理和评述。

本节其他部分安排如下：第二部分回顾企业内部价值与企业债券信用风险定价关系的相关文献；第三部分回顾不确定性与企业债券信用风险定价关系的相关文献；第四部分回顾信息不对称与企业债券信用风险定价关系的相关文献；第五部分为本节的结论和启示。

二、企业内部价值与企业债券信用风险定价

关于对企业债券信用风险影响的研究，最早是从企业内部出发的，研究企业内生的影响因素。这些因素不仅包括发债企业的经营管理水平，还包括债券本身的到期期限和流动性等。

发债企业的经营管理水平直接决定了发债企业的经营获利能力，经营获利能力的大小是企业债券投资者能够及时收回本息的重要保障。因而，发债企业的经营管理水平与企业债券的信用风险直接相关。发债企业的经营管理水平主要体现在财务状况上。安东尼等（Anthony et al.，1998）主要研究了企业资产价值对企业债券信用风险的影响。他们发展了一个基准案例来验证资产价值、无风险利率波动与信用利差之间的关系。他们假定一项基础资产的价值为 100 美元，这一基础资产是由市场价值（而非面值）为 90 美元的债券提供融资支持的。将资产波动值由 0.05 变为 0.20，结果产生了非常明显的信用利差的增加。结果发现，信用利差对资产波动水平的极端敏感性来源于高达 90% 的债务/资产比率。在较低的债务/资产比率下敏感程度就小得多。因此，得出结论，资产价值的波动是决定信用利差的主要原因，同时利率波动水平也是决定信用利差的重要原因。简等（Jan et al.，2005）以发债企业的财务杠杆、无风险利率和股票波动率为解释变量，信用风险溢价为被解释变量建立多元回归模型。实证检验结果表明，财务杠杆比率每提高 1%，信用风险溢价就会提高 5% ~ 10%。哥第普等（Gurdip et al.，2006）考察了一系列由短期利率和公司特有的财务困境指标两个因素驱动的公司债券信用风险结构模型，其中，公司财务困境指标包括财务杠杆、账面价值与市价比、盈利能力、权益波动性以及违约距离。研究表明，短期利率变动对债券利差的影响是最显著的。当将

模型用于低等级债券的定价时，考虑了财务杠杆之后的预测更加准确，同时发现，无风险利率对债券信用风险的影响是最显著的。左克尔奈英等（Zulkarnain et al.，2009）以新加坡的公司为例，运用64个财务指标建立财务困境预警模型，结果表明，效果最为显著的两个指标是净现金流量与收入比和应收账款与收入比的平方根。企业的经营管理水平不仅反映在财务比率上，还反映在信用等级上。康奈尔等（Cornell et al.，1991）最早对信用等级与企业债券信用风险定价的关系进行了研究，研究发现信用等级较低的债券收益率比信用等级较高的债券对国债收益率变化更不敏感。他们认为，这主要是由于低级别的公司债券具有相对较低的久期。当用一个两因子模型对风险进行调整之后，低信用级别的企业债券收益率在统计上与高信用级别的企业债券收益率并无显著差别。丹等（Dan et al.，2007）利用美国国内非金融企业的综合数据库对非常短期限的企业债券利差的影响因素进行了研究，通过研究发现，公司的信用特征对企业债券利差的影响比流动性水平更大，即使是对于期限短于一个月的短期债券也是如此。

在企业经营管理水平研究的基础上，许多学者发现债券的到期期限也会对债券信用风险产生影响。从直观的角度理解，到期期限越长的企业债券，面临的未来不确定性就越大，债券持有人可能遭受的风险也就越大。但是对于债券到期剩余时间对利差的影响，理论界和实务界并没有得出统一的定论。霍等（Ho et al.，1982，1984），在默顿模型的框架下分析了各种不同的契约型保护条款对企业债券信用风险和债券价格的影响，包括债券到期期限、债券发行人的融资约束、不同类型债券的优先原则以及偿付时间安排以及偿债基金条款等。得出的结论是随着债券到期期限的增加，企业债券的信用风险也会相应增加，同一企业的不同债券的相对风险不能由不同类型债券的优先原则单独决定。而偿债基金条款对企业债券信用风险的影响则表现在两个方面，分期偿还条款会降低企业债券的信用风险，而交割选择权则会降低企业债券价格，从而增加企业债券的信用风险。佩德罗萨等（Pedrosa et al.，1998）应用1987～1997年投资级别和非投资级别的债券数据，分析了信用价差日收益数据时间序列的行为特征，发现公司债券信用价差和国债收益率时间序列数据是非均衡的、协整的，并且表现出了胖尾特征。通过分析信用价差和债券收益率的关系，发现公司债券到期日以及债券本身的信用质量对信用价差有较大的影响。

三、不确定性与企业债券信用风险定价

企业作为经济活动的微观主体，其债券信用风险不可避免地会受到宏观环境的整体影响，而且由于宏观环境的不确定性给企业债券带来的风险属于系统风险，不仅会影响到所有的企业债券，而且还不易分散。奥尔特曼（Altman，1990）发现表征宏观经济的一组变量的变化率，包括实际国内生产总值（GDP）、货币供应量、S&P指数等，与公司债券的信用价差之间存在着负相关性，即在各个宏观经济指标显示经济状况较好的时期，企业债券的信用风险较低。进一步，托马斯等（Thomas et al.，1998）加入了失业率、国内生产总值（GDP）增长率、长期利率水平、汇率、政府支出和总储蓄率，建立了衡量债券违约可能性的信用组合观点（credit portfolio view）模型。这个模型可以在输入失业率、国内生产总值（GDP）增长率等指标的实际数值后计算出企业债券从整体上来说的违约可能性，使得这一理论得到了实际中的应用。这两位学者的研究都是从具体的经济指标出发的，而詹姆斯（James，2000）则利用1946～1996年美国AAA级和BAA级公司债券间的信用利差差值变化，考察了美国公司债券信用利差变化与经济周期之间的关系。研究结果表明，在经济衰退时期，这两种特定信用等级的公司债券之间的信用利差扩大了。这种扩大在1957～1958年、1970年、1974～1975年和1981～1982年更加明显。而在经济扩张时期，信用利差从前期高峰值趋于降低。长期内，信用利差曾经呈现上升的趋势，但这更多的是由于在1946～1982年利率经历过一个显著的上升过程，随后由于趋势下降，对该研究所考察的信用利差变化与经济周期的影响不大。总体上，可以认为公司债券的信用利差的确是与经济周期呈现负向变化的，即在经济衰退时期信用利差上升，而在扩张时期降低。古哈等（Guha et al.，2002）也作了类似的研究，并且得出了与詹姆斯（2000）一致的结论。他们使用穆迪信用等级在BAA以上的企业债券收益率的月度数据序列，研究了企业债券信用利差和宏观经济周期之间的关系。研究发现，公司债券的信用利差与经济周期呈现负向变化，即在经济衰退时期信用利差上升，而在扩张时期降低。罗纳德等（Ronald et al.，2004）通过建立股市指数模型，考察了股市波动率对信用利差的冲击，研究发现，随着股市波动增长，债券利差会减小，信用利差是对债券风险的补偿。瓦西姆等（Wassim et al.，2007）发现国内生产总值（GDP）的预

期变化率和期限结构斜率的预期变化率都是投资组合的信用利差变化的主要影响因素，同时还发现违约风险、市场流动性和回报的波动率也是投资组合的信用利差变化的重要影响因素。该模型对投资组合的信用利差的解释达到了很高的准确性。

在关于宏观环境不确定性带来的企业债券信用风险的研究中，有一类研究成果非常引人注意，这就是关于无风险利率与企业债券信用风险之间关系的研究。众多研究表明，无风险利率的水平和其期限结构的斜率是影响企业债券信用风险的重要因素。朗斯塔夫等（1995）提出了一个两因子模型对公司债券信用利差进行回归分析，回归表达式如下：

$$\Delta S = a + b\Delta Y + cI + \varepsilon \tag{1-6}$$

其中，ΔS 表示信用利差的变化，ΔY 表示一年期国库券利率的变化，I 表示相应行业公司股票的回报率，分别用标准普尔公司给出的相应行业公司股票价格指数代替，用以表征相应公司内在价值的水平。回归结果表明：$b < 0$，表示随着无风险利率的增加，信用利差减小，这是因为风险中性下公司资产价值的增长率将等于无风险利率，这就意味着无风险利率的增加提升了公司风险中性下的价值 V，从而降低了风险中性下的违约概率，信用利差相应下降。$c < 0$，表明公司资产或者权益价值的上升有助于降低其触及违约边界的可能性。

在朗斯塔夫等（1995）的基础上，达飞（1998）进行了进一步的研究，并取得了与之一致的研究结果。他在一个连续时间框架下考察了公司债券利率与无风险利率之间的关系，所使用的模型如下：

$$\Delta SPREAD_{s,i,m,t+1} = b_{s,i,m,0} + b_{s,i,m,1}\Delta Y_{T,1/4,t+1} + b_{s,i,m,2}\Delta TERM_{t+1}$$
$$+ e_{s,i,m,t+1} \tag{1-7}$$

其中，SPREAD 为所考察的到期期限为公司债券的信用利差，s 为公司债券所在的不同的行业，i 为不同的信用等级，m 为不同的到期期限，$Y_{T,1/4,t+1}$为期限为 3 个月的国库券收益率，$TERM_{t+1}$为期限 30 年的长期国债收益率与期限为 3 个月的国库券收益率之差，表征的是无风险利率的期限结构，即无风险利率曲线的斜率，Δ 代表相应变量在某一时间段内的变化，e 为服从标准正态分布的随机误差项。达飞（1998）的实证结果显示，公司债券的信用利差与无风险利率水平及其斜率均为负相关，尤其是对于投资级的可赎回债券这种关系更加明显。参数 $b_{s,i,m,1}$为负，随着 3 个月期国库券收益率的上升，公司债券信用利差的下降，这种关系普遍存在于不同的到期期限与信用等级公司债券。然而，相对于信用等级低的公司债券而言，对于信用等级高的公司债券这种关系要弱一些。另外，表征信用利差与无风险利率期限结构斜率之间关系的参数 $b_{s,i,m,2}$ 亦为负，这是因为无风险利率期限结构曲线的斜率是表征短期利率在长期内的变化趋势，斜率的增长预示着未来短期利率的可能增加，面对一个更高的无风险利率，信用利差将下降。类似的，相对于长期公司债券而言，中期、短期债券信用利差与无风险利率斜率之间的这种关系要弱一些，这是因为长期无风险利率期限结构包含了更多关于未来利率变化趋势的信息。迪利普等（2000）用公司非利率敏感性资产和无风险利率来描述公司违约的可能性，建立了一个二因素风险率模型对债券信用风险进行定价，他们发现，现金资产的价值和无风险利率是驱动企业债券信用利差的主要因素。唐（2005）通过建立结构模型来研究宏观经济条件和公司特征对信用利差的影响，得出的结论是信用利差与利率负相关，信用利差收益曲线向上倾斜，并且企业特征对信用利差有显著的影响。

上述研究主要得出了无风险利率与企业债券信用风险的负相关关系，但是无风险利率对企业债券信用风险的影响到底有多大，还没有一个确切的数字。阿夫拉莫夫等（Avramov et al.，2007）的研究则得出了一个用数字表示的解释能力比例，这一比例是惊人的。他们构建了一个结构模型来解释公司债券信用利差，该模型能够解释信用利差变动的54%。在该模型的基础上，他们发现，国库券利率的变动对公司债券信用利差的变化具有最强的影响，仅5年期国库券利率的一个因素就能解释公司债券信用利差变动的28.63%。另外是以净资产衡量的市场价值回报率，该因素解释了公司债券信用利差变动的18.25%。

从上述分析可以看出，绝大多数关于无风险利率对企业债券信用风险的影响的研究得出的结论都是企业债券信用风险与无风险利率水平负相关。关于这一负相关关系在经济学上的解释，伯纳德等（1998）则认为，无风险利率期限结构与未来的商业周期状况相关，一个下降的无风险利率斜率可能是经济即将步入疲弱期的指示器，而一个正的无风险利率斜率则表明经济强劲，后者将引致公司价值的增长和降低违约概率，从而加强了信用利差与无风险利率期限结构之间的关系。

不过，也有少数研究得出了相反的结论。达菲（1997）发现，持有期短的债券的信用价差对利率的变化敏感，利差与短期利率呈负相关。

四、信息不对称与企业债券信用风险定价

传统的西方经济学研究的基础是完全竞争市场，这个市场有四大假设，其中，关于信息的假设是：买卖双方的信息完全对称。但在现实的经济运行中，市场不可能是完善的，信息不对称到处可见。由于外部投资者无法了解企业的真实情况，无法得知企业的真实财务状况，不知道这个企业究竟是否有能力到期偿还本金和利息，因此，信息不对称必然导致企业债券信用风险增大。但是，从信息不对称导致的企业债券信用风险这个角度进行的研究相对其他角度较少，而且多是通过间接的方式来研究的，而不是直接将信息不对称作为一个解释变量加入模型。如达菲等（2000）是通过假设企业对外提供的信息不完美，从而构建定价模型，来间接研究信息不对称对企业债券信用风险的影响。他们假设债券的投资人不能直接得到发债企业的资产价值，而是只能获得阶段性的、不完美的财务报告。在该研究的模型中，公司的资产价值服从一个布朗运动，从而可以得到公司资产价值的条件分布。如果不能得知企业价值的准确数值，则会导致对企业债券利差的完全不同的预测。在达菲等（2000）的基础上，余（Yu，2003）用 AIMR 的披露等级作为财务信息透明度的衡量指标，研究了企业债券信用利差的期限结构和财务信息的质量之间的关系。他所用的模型如下：

$$CS_i = \alpha + \beta_1 DISC_i + \beta_2 MAT_i + \beta_3 LEV_i + \beta_4 VOL_i + \beta_5 AGE_i + \beta_6 LSIZE_i + \varepsilon_i \tag{1-8}$$

其中，CS_i 代表信用利差，$DISC_i$ 代表财务信息透明度，即 AIMR 的披露评级分数，MAT_i 代表债券期限，LEV_i 代表财务杠杆，VOL_i 代表权益的流动性，AGE_i 代表债券的剩余期限，$LSIZE_i$ 代表发行在外的债券总额，ε_i 是随机误差项。通过研究发现，财务透明度较高的公司具有较低的信用利差，尤其是对于短期债券，取得了和达菲等（2000）一致的研究结果。

五、结论及启示

综上，国外关于企业债券信用风险影响因素的研究主要从企业内部价值、宏观环境的不确定性和信息不对称三个角度展开的。其中，基于企业内部价值的信用风险影响因素的研究是起步最早的，也是最为成熟的，不

同的学者得到了较为一致的研究结论。即企业的经营管理水平以及债券的到期期限都会对信用风险产生显著的影响。基于宏观经济不确定性的研究主要采用多元回归的方法研究了宏观经济变量对企业债券信用风险的影响，这些变量主要包括无风险利率、经济周期、货币供应量、汇率、失业率等。在这类研究中，对于无风险利率的研究最成熟，普遍认可的结论是无风险利率与企业债券信用风险的负相关，不过，也有少数研究得出了相反的结论。基于信息不对称程度的研究起步较晚，相对其他角度的研究文献较少，而且多是通过间接的方式来进行分析的，而不是直接分析信息不对称对企业债券信用风险的影响，在这一方面的研究虽然为信息不对称对企业债券信用风险的影响的研究提供了一定的证据，但在这一方面的研究仍然是相对不足的，仍需要更多的研究、更多的证据来支持这一观点。

随着宏观环境的变化，企业债券信用风险的影响因素也越来越复杂。例如，2008 年的金融危机使企业债券市场受到了不小的冲击，然而针对这一方面的研究还有所不足。基于企业债券信用风险的重要性，相关的研究还在进一步发展中。

第二章

企业内部价值、宏观不确定性与企业债券信用风险

企业内部价值、宏观环境的不确定性对企业债券信用风险定价产生影响。现金作为企业最重要的流动资产，对于现金持有能否预测企业未来违约概率的这一问题，现有研究尚未得到一致结论。一些实证检验结果表明，现金持有与信用利差之间存在显著的正相关关系，这有违于拥有较多自由现金可以降低企业违约风险的常理。为解释上述结论，本章首先理论分析这一冲突背后的经济机制，即现金持有内生性机制。之后实证检验现金持有的内生性理论与预防性储蓄动机在现金持有与违约风险关系中的作用。

2007 年，美国次贷危机引发的金融危机给全球经济造成很大的影响，也为本书提供了很好的研究契机，因此，本章将实证分析宏观经济不确定性对我国企业债券信用风险的影响程度。

第一节　企业现金持有的内生性与企业债券信用风险

一、引言

自改革开放以来，中国企业债券市场获得了巨大的发展。中国企业债券市场的迅速发展为企业融资创造了有利条件。在促进企业债券市场发展以解决企业融资难的同时，发债企业的违约风险问题也开始显现。例如，2014 年 3 月，上海超日太阳能科技股份有限公司宣布无法于原定付息日

2014 年 3 月 7 日按期全额支付该公司发行的"11 超日债"本期利息。"11超日债"成为国内首例违约债券。[①] 企业违约将给投资者造成重大损失，甚至可能引发系统性金融危机。对企业违约概率进行预测不仅有助于保护投资者，也有助于维护债券市场的稳定。在关于企业违约概率的大量现有文献中，现金持有与企业违约概率之间的关系是一个重要问题。很多相关研究认为，现金持有状况对企业违约概率有比较好的预测力（Altman's，1968；Ohlson，1980；Zmijewski，1984；Shumway，2001；Chava and Jar-row，2004）。但是，对于现金持有状况与企业违约概率之间的关系问题，学术界仍然存在很多争论。

依常理而言，拥有较多的现金资产将会使企业更加安全。也就是说，在其他条件相同的情况下，持有现金比较多的企业，其违约概率较低。一些实证研究采用比较常见的企业层面控制变量（企业杠杆与融资能力）进行回归时，得到的结论有悖于常理或者令人费解。例如，有研究认为，现金持有越多，则企业违约风险越大（Olson，1980；Zmijewski，1984；Shum-way，2001；Chava and Jarrow，2004）。阿查亚（Acharya，2012）发现，这些研究之所以得出这种有悖常理的结论，原因在于这些研究没有考虑企业现金政策的内生性问题。基于预防性储蓄动机，阿查亚（2012）认为，在存在融资约束的情况下，风险较高（例如，那些具有较低的预期现金流）的公司将采取较高的现金储备来预防在未来可能出现现金流短缺的情况。在市场摩擦限制了公司的外部资本进入以及违约费用相当巨大的情况下，公司将面临更多投资（在未来不违约情况下，获得更高的现金流量）和保持更多的现金储备（导致现金短缺的概率较低，生存概率增大）之间的权衡。

基于上述分析，本节研究认为，一旦企业发现自己接近违约时，它更倾向采用一个保守的现金政策。在这种情况下，企业的现金持有水平是该企业违约风险很高的结果，即企业的现金持有量反映的仅仅是整个企业资产以及负债的改变，并不一定反映该企业的违约概率。

中国债券市场有着显著不同于国外发达国家债券市场的特点。首先，在交易所交易的债券发行主体主要有两种类型，即上市公司与非上市公司。上市公司的发债申请由证监会审批，非上市公司发债申请则由发改委审批。其次，在这些发债主体中，上市公司的规模在整体上小于非上市公

[①] "'11 超日债'成国内首例违约债券"，人民网，2014 年 3 月 5 日，http：//finance. people. com. cn/n/2014/0305/c1004 - 24528703. html。

司，非上市公司负债率却高于上市公司，非上市公司一般为国有企业。再其次，本节的相关统计显示，发债的非上市公司在 2008～2012 年获得的营业外收入的均值显著大于发债的上市公司。最后，对上市公司的信息披露要求较严，而对非上市公司的信息披露要求较宽松。中国债券市场中上市与非上市公司特征的差异导致它们存在不同的融资约束，这影响到现金持有内生性理论模型的假设约束条件。因此，有必要在中国债券市场的制度等条件下，检验不同发债企业的现金持有内生性问题，并检验阿查亚（2012）的结论在中国债券市场中是否有效。本节研究的目的在于，第一，以中国发债企业为研究对象，利用数学模型理论分析发债企业的现金持有是否内生以及内生产生的机制；结合中国发债市场特点，对相关理论模型假设进行放松，并分析上市发债公司（以下简称"上市公司"）与非上市发债公司（以下简称"非上市公司"）现金持有内生作用过程的差异。第二，利用 2008～2012 年中国企业债券数据，实证检验现金持有的内生性，并使用外源性变量，进一步检验现金持有内生性，为企业现金持有内生理论提供实证支持。第三，使用 2SLS 构建现金持有的工具变量，在控制内生性的情况下，分析现金持有与债券信用利差的关系。第四，在使用变量对企业违约进行预测时，对是否可以加入现金持有变量预测企业的违约概率提出具体的建议。

　　本节研究的贡献主要体现在以下四个方面：（1）阿查亚（2012）最早提出现金持有内生性理论，但是该研究是以发达经济体的债券市场为研究对象的。作为一个重要的发展中国家，中国债券市场有着与发达国家债券市场显著不同的特征，因此，有必要结合中国债券市场特征进行分析，从而，一方面能够丰富阿查亚（2012）研究结论的应用范围，另一方面，丰富中国债券市场的研究。（2）内生性是公司金融以及其他经济学领域常见的问题，但在资产定价的过程中较少受到重视。本节的研究将丰富债券信用风险定价的研究，并指出在预测违约风险时要慎重使用现金持有这个变量。（3）本节研究结合中国发债市场的特点，并针对中国发债企业在获得营业外收入方面的差异以及融资约束的不同，研究上市公司与非上市公司现金持有内生决定机制的差异，从而扩展阿查亚（2012）的研究结论。（4）通过选择合适的外源性变量与现金持有的工具变量进行回归，本节研究的实证结果能够很好地解释以往研究结论的分歧。另外，本节研究认为，可以使用外源性变量或者构建的工具变量来替代现金持有变量，进行企业未来违约概率的预测。

本节其他部分安排如下：第二部分回顾国内外相关文献；第三部分为理论模型分析与假设提出；第四部分为样本数据与实证模型设定；第五部分为本节研究的实证分析；第六部分为本节的研究结论。

二、文献综述

现有的信用风险模型通常认为，企业会意识到自己可能会出现临时的现金短缺。为了避免违约，企业将以无成本销售新股来保持股价，然而，这些措施与现金持有政策无关。因此，这些研究认为，现金持有与企业违约风险无关（Longstaff and Schwartz, 1995；Collin – Dufresne and Goldstein, 2001）。同时，这些文献在研究债券信用利差与企业债券到期收益率的关系时，也忽略了现金持有的作用。格里格莱乌克茨（Gryglewicz, 2011），安德森和卡夫希尔（Anderson and Carverhill, 2012）扩展了债券信用利差模型，认为在外部融资成本较大的情况下，企业存在最优的现金持有。

关于企业现金持有与企业违约风险的研究开始于奥尔特曼（Altman's, 1968）。奥尔特曼（1968）通过构建 Z 分数模型，证实现金持有在预测违约过程中所扮演的角色。随后，奥尔森（Ohlson, 1980）、茨米杰韦斯克（Zmijewski, 1984）、沙姆韦（Shumway, 2001）及查瓦和贾罗（Chava and Jarrow, 2004）等一系列研究在违约预测模型中加入流动性指标来预测企业的违约概率，但是这些研究所得到的结论彼此不一致。例如，奥尔森（1980）和沙姆韦（2001）的研究表明，现金持有与企业违约概率之间的关系是负向的，而茨米杰韦斯克（Zmijewski, 1984）与查瓦和贾罗（Chava and Jarrow, 2004）的研究则表明，现金持有与企业违约概率之间的关系是正向的。无论是正向关系结论，还是现金流较多的企业违约概率越小的结论，都与常理相违背。阿查亚（2012）提出了现金持有的内生性理论，从而对上述悖论进行了合理的解释。

目前，国内的研究主要集中在现金持有的影响因素方面，而关于现金持有与资产定价方面的研究尚处于空白。

三、理论分析与研究假设

基于违约成本以及外部融资约束理论，本节研究扩展了企业最优现金持有政策模型，以解释为什么现有研究中会得出现金持有与违约风险、债券信用利差之间存在正相关关系这一悖于常理结论的原因。

（一）基本模型建立的相关假设

假设某一企业经历三个时期，$t = 0$，1，2，具体如图2-1所示。在每个时期，该企业都有一定资产与投资机会，假定企业能够通过一定资产生产一定的现金流 X_t，同时，假定在 $t = 1$ 时期，X_1 是随机的，且在 $t = 0$ 时期是无法观测的，但其他时刻的现金流是可观测的，其数学表达式为，$X_1 = X + u$，X 是一个固定的值，u 是均值为 0 的随机变量。设 u 的密度函数为 $g(u)$，累积分布函数为 $G(u)$ 以及违约率为 $h(u)$，定义：

$$h(u) = \frac{g(u)}{1 - G(u)} \tag{2-1}$$

假定违约率 $h(u)$ 为弱单调递增函数。由于上述假设既不依赖于股东的动机，也不依赖于企业的业绩，因此，模型的推导具有很高的普适性。

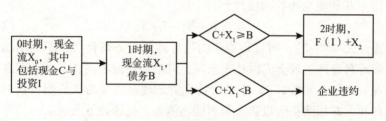

图2-1 基本模型建立的时间表

在 $t = 0$ 时期，企业利用资产生产出一个正的现金流，即 $X_0 > 0$，同时，企业在这个时期从事长期投资计划，即投资 I，而该投资将在 $t = 2$ 时期产生 $f(I)$ 的现金流。生产函数 $f(I)$ 是标准的递增、凹函数。假定外部融资的成本很大，企业只能依靠内部资金进行长期投资。企业内部现金可以用于投资，以获得未来的收益，也可以用于预防性储蓄，以防止在 $t = 0$ 或者 $t = 1$ 时期资金短缺。定义现金储蓄为 C，$C = X_0 - I$。

在 $t = 1$ 时期，企业必须偿还债务 B。假定由于谈判成本较高，不能进行重组债务；如果在 $t = 1$ 时期，企业不能偿还其所欠债务，将会导致企业违约与清算，那么将来长期投资产生的现金 $f(I)$ 以及 $t = 2$ 时期企业自身生产的现金 X_2 都将会失去。在本节的研究理论模型中，因为在 $t = 1$ 时期，现金流 X_1 是随机的，因此不能保证其能完全偿还债务；此外，假设在存在市场摩擦的情况下，外部融资是不可行的。因此，必须使用内部资金偿还债务。在上述情况下，企业在 $t = 0 - 1$ 时期有动机保留部分资金来应对未来现金流短缺，从而减小未来违约的可能性。

（二）企业最优现金持有政策分析

在 $t = 0$ 时期，企业面临着用现金进行长期投资与现金储备（增大企业存在机会）的权衡。一方面，较多预留现金意味着较低的投资，这将导致在未来不违约的情况下，未来投资产生较低的现金流量。另一方面，现金流的增加将会减少 $t = 1$ 时期的现金缺口，从而提高企业的生存概率，以获得在 $t = 2$ 时期的投资收益。最优的现金政策必须满足企业的价值最大化。

根据模型假设，在 $t = 1$ 时期可以用于偿还债务的资金为 $C + X_1$，C 为预留现金，$X_1 = X + u$ 为 $t = 1$ 时期自身资产经营产生的现金。本节研究定义违约边界为企业能够偿还企业债务的最小值，即式（2-2）中企业能够偿还债务 B 而避免违约的条件：

$$u_B = B - X_0 + I - X \qquad (2-2)$$

通过式（2-2），可以得到违约边界随着债务与投资水平的增加而增加，随着自身产生现金流以及未来现金流增加而减小。在企业不存在违约的情况下，权益回报（E）定义为持有资产现金流量与从长期投资的回报收益的和，并扣除相应投资金额和偿还债务。具体如下所示：

$$E = \int_{u_B}^{\infty} [X_0 - I + x + u - B + f(I) + X_2] g(u) du \qquad (2-3)$$

经过式（2-2）、式（2-3）整理得：

$$E = \int_{u_B}^{\infty} [u - u_B + f(I) + X_2] g(u) du \qquad (2-4)$$

为了最大化权益回报，对式（2-3）两边对投资 I 求偏导，得到最优投资水平，

$$\frac{\partial E}{\partial I} = \int_{u_B}^{\infty} [-1 + f'(I)] g(u) du - [X_0 - I + X + u_B - B + f(I) + X_2]$$

$$g(u_B) \frac{du_B}{dI} = 0 \qquad (2-5)$$

根据式（2-2）进行整理得：

$$f'(I) = 1 + [f(I) + X_2] h(u_B) \qquad (2-6)$$

对于无约束投资情况，最大值的解为 $f'(I) = 1$，在存在违约成本以及

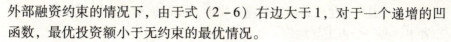

外部融资约束的情况下，由于式（2-6）右边大于1，对于一个递增的凹函数，最优投资额小于无约束的最优情况。

企业债务的市场价值 D 被定义为：

$$D = B - \int_{\underline{u}}^{u_B} [B - (C + X + u)]g(u)\,du \qquad (2-7)$$

式（2-7）表明，债务的面值 B 减去债权人预计违约发生时的损失。在假设无风险利率为0的情况下，信用利差（以 CS 代表[①]）被定义为：

$$CS = \frac{B}{D} - 1 \qquad (2-8)$$

（三）企业现金持有与企业违约风险分析

本节中研究企业违约风险（以债券信用利差衡量）与现金持有之间的相关关系，具体表现在回归模型（2-16）中现金持有系数符号的改变。式（2-8）表明，债券信用利差由 D 与 B 的大小决定，而 D 则与 0 时期的预留现金（C）以及违约边界（u_B）有关。任意变量 y 影响债券信用利差的方式都可以分解为直接影响与间接影响两种。前者表明这个因素 y 影响违约边界，进而影响违约风险；后者表明这个因素 y 通过影响最优的预留现金，反过来影响违约边界，进而影响违约风险。具有表达式为：

$$\frac{dCS}{dv} = \frac{\partial CS}{\partial v} + \frac{\partial CS}{\partial C} \times \frac{dC}{dv} \qquad (2-9)$$

式（2-9）右边的第一项为因素变化对信用利差的直接影响，第二项为因素变化对信用利差的间接影响。如果因素变化能够影响现金持有变化，但没有直接影响债券信用利差，即右边第一项为0。本节研究定义导致现金持有变化的变量（不影响信用利差）为外生的。相反，因素变化如果能够直接影响信用风险，即右边第一项不为0，则该导致现金持有变化的变量（影响信用利差）是内生的。

任何变量的变化都可能直接影响债券信用利差，也可能导致企业预留现金政策的调整，以致减小直接影响效应的作用。比如，预期现金流下降的直接影响将会提高债券信用利差，但是企业管理者将会增加储备现金来对此预期做出反应，从而在一定程度上降低利差。通常，债务水平与现金流波动都符合这些情况。在式（2-9）中，右边第一项小于0，右边第二

---

① 尽管黄和黄（Huang and Huang, 2003）认为只有25%的信用利差与企业违约风险有关，本节则认为默顿（1974）模型假设存在一定的适用性，所以仍然使用信用利差来代替企业违约风险。

项大于 0，因素变化导致信用利差变化的方向取决于直接影响与间接影响二者中，哪一个占主导地位。

当未来的现金流降低时，将来某个时期现金流缺口将会增大，未能偿还到期债务的风险增加，将导致企业违约风险升高与债券信用利差增大。假设未来现金流减少 1 单位，企业没有进行任何调整，那么企业违约边界将会降低 1 单位。事实上，企业将会增加现金持有来应对这一状况，以致违约边界没有降低太多。尽管如此，由于生产函数是凹函数，违约函数是非递减的，式（2-6）继续成立，生产函数的一阶倒数大于 1，从而得到需要减少少于 1 单位的投资。这样才能保证减少投资时保留现金的边际成本与降低违约时的边际收益相等，企业当期的现金持有的增加将少于 1 单位。因此，未来现金流减少的净效应将降低违约边界，信用利差增大。由于直接效应占有主导地位，而现金持有的间接影响只能部分抵消直接效应，最终利差将增大。这也可以解释为什么现金持有越多而企业违约风险越大这一悖于常识的现象。

（四）中国发债企业现金持有与债券信用利差再分析

上述分析表明，企业现金持有对于债券信用利差的作用方向取决于直接影响与间接影响孰占主导作用，而这又取决于式（2-6）中生产函数一阶导数是否大于 1。那么，生产函数的一阶导数是否一定大于 1 呢？通过对式（2-6）的右边分析，只有当违约边界 u_B 变化时，生产函数的一阶导数才会变化。对于中国债券市场，是否存在这样的情况呢？这需要结合中国债券市场以及企业特征来进行研究。

中国债券市场发债主体分为上市公司与非上市公司，上市公司与非上市公司有不同的企业特征、信息披露要求与监管强度等。阿尔梅达等（Almeida et al.，2004）认为，企业规模可以作为企业融资约束的衡量指标，企业规模越大，融资约束较低（比如，银行对规模小的企业贷款较少）；胡和斯彻泰罗里（Hu and Schiantarelli，1998）认为，负债率可以作为衡量企业融资约束的指标，高负债的企业更难获得外部融资；刘芍佳等（2003）与林毅夫（2004）认为，终极控制人性质可以作为融资约束的衡量指标（比如，国有企业存在预算软约束的可能）。表 2-1 的统计结果表明，非上市公司一般为大型国有企业，企业规模整体上显著大于上市公司，企业负债率也显著小于上市公司。基于以往文献结论，本节研究认为，非上市公司的融资约束小于上市公司的融资约束。同时，通过对本节研究样本数据的统计发现，2008～2012 年，非上市公司获得的营业外收入显著大于上市公司。针对这些状况，本节研究认为有必要重视上市公司与非上市公司这些特征的显著差异，进行分类并讨论。

表 2 – 1　　　　上市公司与非上市公司发债企业变量特征差异分析

变量	类别	样本数	均值	T 检验	秩和检验
企业规模（家）	非上市公司	2987	16.775	7.312***	8.113***
	上市公司	984	14.987		
负债率（%）	非上市公司	2987	66.134	− 3.134***	− 2.987***
	上市公司	984	60.456		
国有企业（家）	非上市公司	2987	0.892	15.123***	16.441***
	上市公司	984	0.701		
现金持有比例（%）	非上市公司	2987	8.981	− 15.134***	− 12.235***
	上市公司	984	12.431		
营业外收入（亿元）	非上市公司	745	0.819	7.981***	5.761***
	上市公司	1334	0.223		

注：如企业为国有企业，则其值取 1；否则为 0。*** 表示系数在 1% 水平上显著。

基于上述中国发债市场背景，本节研究从融资约束以及营业外收入角度对原有基本分析框架进行扩展。

（1）基于融资约束的基本模型扩展。理论上，在 t = 1 时期，由于企业可以进行外部融资，那么在 1 时期的现金持有增多，在一定程度上影响了违约边界。要使间接影响占主动地位，就需要知道融资额与原有现有资金的总量大小。当两者的和很大时，那么现金持有与债券信用利差之间可能呈现出负向关系，而当两者的和比较小、不足以抵消直接影响的效果时，现金持有与债券信用利差之间可能呈现出正向关系。

在现实中，由于非上市公司发债企业的融资约束较小，所以，本节研究假定发债企业可以用未来的现金流 $[f(I) + X_2]$ 进行抵押，以获得一定的外部资金[①]，假定抵押率为 λ，0 ≤ λ ≤ 1。当 λ = 0 时，企业不能进行外部融资，也就是本节研究的基本模型。当企业存在外部融资的情况下，在

----

① 当然，可以使用固定资产进行外部融资行为，但是外部融资的根本还是在于企业未来的盈利能力，所以这里只考虑使用未来盈利能力进行融资。

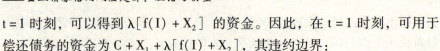

$t = 1$ 时刻，可以得到 $\lambda[f(I) + X_2]$ 的资金。因此，在 $t = 1$ 时刻，可用于偿还债务的资金为 $C + X_1 + \lambda[f(I) + X_2]$，其违约边界：

$$u_B = B - X_0 + I - X - \lambda[f(I) - X_2] \tag{2-10}$$

权益价值可以写成：

$$E = \int_{u_B}^{\infty} [u - u_B + (1 - \lambda)f(I) + X_2]g(u)du \tag{2-11}$$

式中 $u - u_B$ 是偿还债务 B 的剩余现金，$(1 - \lambda)[f(I) + X_2]$ 为企业在没有违约的情况下，股东在 $t = 2$ 时刻索取的现金。对式（2-11）进行分析，可以得到以下两个结论，在违约率 $h(\cdot)$ 非递减的情况下，第一，对于 $\lambda < 1$，最优现金储备 C 对于预计现金流 X 是非递增的。第二，存在一个阈值 λ_1^*，对于任意的 $\lambda < \lambda_1^*$，信用利差 CS 是 X 的减函数；而当 $\lambda > \lambda_1^*$，信用利差 CS 是 X 的非减函数。

第一个结论表明，在存在约束的情况下，"风险"企业拥有较低的预期现金流，因而面临着较高的违约风险，需要保持较高的现金储备。第二个结论表明，存在一个融资约束，当 $\lambda > \lambda_1^*$ 时，因素变量的间接影响占据主导地位，也就是现金持有与信用利差有着反向关系。其原因如下，如果 λ 很大时（非上市公司融资约束低，λ 值可能很大），未来预期现金流降低，导致企业预留现金增加（这里把未来期从外部融资到的现金也看做预留现金），最后，未来现金流减少的净效应将增大违约边界，降低违约风险。

（2）基于营业外收入的基本模型扩展。以下为非上市公司与上市公司获得营业外收入差异下的模型。为简单起见，本节研究假定营业外收入主要为财政补贴。同时，假设如果一个企业进行研发或者其他固定资产投资，将会得到国家对其一定的存在投资补贴，记为 S(I)，$S(I) = \sigma I$。其中，σ 为投资补贴系数，且定义为企业从企业获得的补贴与企业研发（或固定资产投资）投入之比率。因此，$0 \leq \sigma \leq 1$。式（2-2）、式（2-3）就变为：

$$u_B = B - X_0 + I - X - \sigma I \tag{2-12}$$

$$E = \int_{u_B}^{\infty} [X_0 - I + x + u - B + \sigma I + f(I) + X_2]g(u)du \tag{2-13}$$

对式（2-13）两边对 I 求偏导，得到式（2-14）：

$$\frac{\partial E}{\partial I} = \int_{u_B}^{\infty} [-1 + f'(I) + \sigma]g(u)du$$

$$- \left[X_0 - I + X + u_B - B + \sigma I + f(I) + X_2 \right] g(u_B) \frac{du_B}{dI} = 0$$

$$(2 - 14)$$

根据式（2-12），对式（2-14）进行整理得到：

$$f'(I) = 1 - \sigma + \left[f(I) + X_2 \right] h(u_B) \qquad (2 - 15)$$

对于式（2-15），由于 u_B 在降低，$h(u_B)$ 在下降，所以，当 $\sigma < \left[f(I) + X_2 \right] h(u_B)$ 时，$f'(I) > 1$，当 $\sigma > \left[f(I) + X_2 \right] h(u_B)$ 时，$f'(I) < 1$ 时。当 $f'(I) > 1$ 时，其分析结果与上市公司一致；当 $f'(I) < 1$ 时，按照上市公司的分析过程，在非上市公司中，现金持有的间接影响占据主导地位，未来现金流减少的净效益将会使债券信用利差降低。

基于上述分析，上市公司与非上市公司存在融资约束与获得营业外收入的差异将导致企业违约边界或者投资生产函数边际效用发生变化，进而使得因素变化产生的直接影响与间接影响孰占主导地位发生变化，并最终影响现金持有与违约风险之间的关系。因此，本节研究提出相应假设 H1 与假设 H2：

H1：对于上市公司，因素变化产生的间接效应小于直接效应，也就是说，现金持有量增加，债券的信用利差增大。

H2：对于非上市公司，在融资约束低以及获得营业外收入低的情况下，因素变化所产生的间接效应大于直接效应，也就是说，现金持有量增加，债券的信用利差减小。

（五）外源性变量对于现金持有与信用利差关系的影响

从理论模型分析得到，任何变量变化都可以通过影响现金持有来影响债券信用利差，这在理论上支持现金持有的内生性理论。以下，本节研究将分析因素变化的外生性，也就是说，因素的变化对债券信用利差的直接影响为 0，只能通过影响现金持有来影响信用利差。根据式（2-9），如果 $\frac{\partial CS}{\partial v} = 0$，$\text{sign} \left(\frac{dCS}{dv} \right) = -\text{sign} \left(\frac{dC}{dv} \right)$，则未来现金流变化时，现金储蓄的变化与债券信用利差变化之间的关系是负向的。这与现金持有越多则违约风险越低的结论一致。检验因素变化外生性的关键问题在于寻找这样的变量 y，使得变量 y 必须影响现金持有，但不能直接影响或者通过其他途径来影响债券违约风险。按照公式推断，这个变量应该出现在式（2-6）中，但不应该出现在式（2-7）中，这里本节研究简称该变量为外源性变量（下同）。

根据以上分析，本节研究提出相应的假设 H3：

H3：对于发债企业，在外源性变量导致现金持有变化时，现金持有量越高，债券的信用利差越低。

四、样本数据与实证模型设定

（一）数据来源

本节研究企业债券数据来源于 Wind 数据库。本节研究样本筛选过程如下：首先，从 Wind 数据库下载 2008～2017 年中国上海与深圳债券市场发行的公司与企业的全部债券数据。其次，对缺失值与重复值进行处理。对于数据缺失的债券，通过和讯网（http：//www.hexun.com/）进行手工收集进行补全。如果同一企业在一年中发行两个或以上债券，则随机保留其中一个债券。最后，对相应变量进行 5% 的缩尾处理。最终样本数为 3971 个，其中，非上市公司样本数为 2987 个，上市公司样本数为 984 个。

（二）研究模型与变量定义

本节研究参照阿查亚（2012）方法建立检验现金持有与债券信用利差之间关系的模型，具体模型如式（2-16）所示。

$$CS = \alpha + \beta_1 CASHTA + \beta_2 LEV + \beta_3 MATURITY + \beta_4 \ln ZZC \quad (2-16)$$
$$+ \beta_5 CREDIT + \beta_6 ROE + YEAR + INDUSTRY + \xi$$

本节的主要变量定义如表 2-2 所示。

表 2-2　　　　　　　　　主要变量定义

变量性质	变量简称	变量名字	变量描述
因变量	CS	信用利差	债券到期收益率与相同剩余期限国债利率之差
自变量	CASHTA	现金持有比例	企业当期现金持有与总资产的比，其中现金持有为现金以及现金等价物的和
	CATA	流动比例	企业当期流动资产与总资产的比
	QATA	修正流动比例	企业当期流动资产减存货与总资产的比

续表

变量性质	变量简称	变量名字	变量描述
控制变量	LEV	企业杠杆	企业长期负债与总资产的比
	lnZZC	企业规模	企业总资产的对数值
	ROE	净资产收益率	净收入与股东股本（股东权益）的比值
	CREDIT	债券信用等级	对信用等级进行赋值，AAA = 4，AA + = 3，AA = 2，AA － = 1
	MATURITY	债券剩余期限	债券到期年与当年的差值

按照阿查亚（2012）的现金持有内生性理论，变量 CASHTA 的系数应该为正。根据周宏等（2014）的研究，本节研究也预计 lnZZC 变量的系数为负、LEV 变量系数为正、ROE 变量系数为负、CREDIT 变量系数为负、MATURITY 变量系数为正。

五、实证分析

（一）描述性统计结果

在表 2 – 3 中，A 部分、B 部分与 C 部分分别为非上市公司、上市公司、全体公司发债企业的描述性统计。在 C 部分中，CS 的均值为 2.512，极小值为 0.279，方差为 1.119，说明在债券市场中，各个债券的信用利差差别较大，也就是说，企业之间的违约风险存在差异。同时，从 A 部分与 B 部分的 CS 均值可以看出，非上市公司的信用利差大于上市公司。C 部分的现金持有变量 CASHTA 均值为 0.093，极小值为 0.012，极大值为 0.813，说明在发债公司中，现金持有量存在明显差别。同时，从 A 部分与 B 部分的 CASHTA 均值可以看出，上市公司的现金持有大于非上市公司。

表 2 – 3　　　　　　　　　　描述性统计结果

变量	样本数	均值	中值	极小值	极大值	标准差
Panel A：非上市公司样本						
CS	2987	2.876	2.541	0.263	5.314	0.878
CASHTA	2987	0.113	0.097	0.009	0.273	0.065

变量	样本数	均值	中值	极小值	极大值	标准差
Panel A：非上市公司样本						
ROE	2987	9.312	8.136	0.231	29.233	8.997
LEV	2987	0.641	0.611	0.222	0.951	0.316
lnZZC	2987	13.431	12.341	11.331	20.355	1.271
CREDIT	2987	2.733	2.000	1.000	4.000	1.233
MATURITY	2987	6.523	6.000	1.000	18.000	2.413
Panel B：上市公司样本						
CS	984	2.533	2.522	0.793	4.819	1.131
CASHTA	984	0.123	0.154	0.031	0.299	0.051
ROE	984	10.975	10.457	1.142	25.761	6.785
LEV	984	0.761	0.783	0.451	0.875	0.222
lnZZC	984	14.689	14.444	12.132	17.333	1.551
CREDIT	984	3.313	3.000	2.000	5.000	1.313
MATURITY	984	4.413	5.000	1.000	10.000	1.671
Panel C：全体公司发债企业						
CS	3971	2.512	2.418	0.279	5.113	1.119
CASHTA	3971	0.093	0.084	0.012	0.813	0.059
ROE	3971	8.414	5.653	0.426	0.045	10.513
LEV	3971	0.543	0.555	0.269	1.341	0.243
lnZZC	3971	15.114	14.356	12.559	18.973	1.416
CREDIT	3971	3.356	3.000	1.000	5.000	1.227
MATURITY	3971	6.471	6.000	1.000	18.000	2.641

（二）现金持有与债券信用利差关系检验：基于现金持有变量的分析

本节研究利用式（2-16）分别对上市公司和非上市公司的样本进行回归分析。表2-4为式（2-16）的回归结果。以上市公司为样本进行的回归中，现金持有变量CASHTA的符号为正，且在5%的显著性水平上显著，这说明现金持有的增加会导致债券信用利差的加大。这与企业现金持有越多违约率越低的常理相悖，这可能是现金持有内生性导致的。也就是说，因素变化所产生的间接效应小于直接效应，现金持有量增加，债券的信用利差增大，这支持假设关于上市公司的假设 H1。以非上市公司样本进行的回归表明，现金持有变量 CASHTA 的符号为负，且在 10% 的水平上显著。杠杆率的符号为负且在 1% 的水平上显著，这说明企业杠杆率增大，影响非上市公司现金持有①；而且这种间接影响大于直接影响，导致 LEV 符号为负，CASHTA 符号为正。上述结论支持关于非上市公司的假设 H2。

表 2-4　　　　　　　　式（2-16）的基本回归结果

变量名称	上市公司发债企业	非上市公司发债企业
	CS	CS
CONSTANT	12.331 *** (21.22)	9.812 *** (11.31)
CASHTA	1.999 ** (3.41)	-0.765 ** (-1.91)
ROE	0.001 (0.59)	-0.011 (-1.34)
LEV	0.971 ** (3.12)	-0.765 ** (-2.97)
MATURITY	-0.034 (-2.04)	-0.073 *** (-4.17)
lnZZC	-0.414 *** (-21.33)	-0.551 *** (-3.17)
CREDIT	-0.011 (-0.44)	-0.371 *** (-9.12)
YEAR	控制	控制
INDUSTRY	控制	控制
样本数	2987	984
Adj - R²	0.713	0.511

注：括号内为系数对应的 t 值，估计过程进行了异方差调整，***、**、* 分别代表系数在 1%、5%、10% 的水平上显著。

---

①　经笔者对企业杠杆率与企业现金持有统计分析，在上市公司中，杠杆率与现金持有呈倒"U"型关系；而在非上市公司企业中，随着杠杆率的增加，现金持有增加。

（三）现金持有与债券信用利差关系检验：基于外源性变量的分析

从表 2 – 4 中的基本回归结果可知，上市公司发债企业的现金持有变量符号与常理相悖，这可能是现金持有的内生性变化导致直接效应大于间接效应。为了进一步检验现金持有的间接效应，本节继续研究外源性变量变化是否影响现金持有与违约风险之间的关系。

由于外源性变量只能出现在式（2 – 6）中，而不能出现在式（2 – 7）中，通过两式比较分析，得到外源性变量只能通过影响 $t = 2$ 时期的 X2 影响企业违约概率。本节研究把 X2 作为公司的成长期权价值，这是因为成长期权的增加将会增大企业在不违约情况下的权益价值，从而加强股东以保留现金来避免违约的动力。在不存在外在融资的情况下，成长期权不会影响债务价值，只能通过影响现金流来间接影响债券信用利差。本节借鉴阿查亚（Acharya，2012）的思想，采用成长期权（以 GROWTH 代表）作为 CASHTA 的替代变量，并把 GROWTH 定义为行业无形资产与总资产之比的中位数。行业分类依据为行业分类明细的前 8 位。

本节研究的另一个外源性变量为经理人的违约损失。经理人管理薪酬存在差异导致经理人在持有现金以避免违约动机强度上存在区别。本节采用经理人的薪酬与企业总价值的比例（AGENCY）来替代现金持有，这个变量也只能通过影响现金流间接影响债券信用利差。同时，AGENCY 越高，经理人越有动机去持有现金以避免违约，从而获得较高的报酬。由于非上市公司经理人薪酬数据的较难获得性，本节研究通过手工收集获得部分数据。本节研究用此变量用于稳健性检验。

表 2 – 5 是采用现金持有的外源性变量替代变量对式（2 – 16）进行回归的结果。以上市公司样本进行的回归结果（见表 2 – 5 第 1 列）表明，GROWTH 系数符号为负，且在 1% 的水平上显著，即现金持有越多，企业违约率越小。这一检验结果支持了假设 H3。由于在表 2 – 4 的基本回归中，该变量的系数为正，但使用外源性变量替代后，其符号为负，这表明间接影响占据主导地位使得结果发生逆转，进一步说明现金持有是内生性的。以非上市公司样本进行的回归结果（见表 2 – 5 第 2 列）表明，GROWTH 系数符号为负，且在 5% 的水平上显著，这与表 2 – 4 结果一致。其他控制变量大体上都符合预期。

表 2 - 5　　　　　　式（2 - 16）外源性变量回归结果

变量名称	上市公司发债企业	非上市公司发债企业
	CS	CS
CONSTANT	9.471 *** (9.12)	7.653 *** (14.12)
CASHTA （GROWTH）	- 5.108 *** （- 3.75）	- 3.886 ** （- 2.44）
ROE	0.000 (0.07)	- 0.011 （- 1.11）
LEV	1.083 ** (2.37)	- 1.022 *** （- 5.19）
MATURITY	- 0.113 *** （- 3.33）	- 0.071 *** （- 3.41）
lnZZC	- 0.397 *** （- 7.12）	- 0.209 *** （- 4.31）
CREDIT	- 0.115 * （- 1.91）	- 0.401 *** （- 11.22）
YEAR	控制	控制
INDUSTRY	控制	控制
样本数	2987	984
Adj - R^2	0.551	0.498

注：括号内为系数对应的 t 值，估计过程进行了异方差调整，*** 、** 、* 分别代表系数在 1%、5%、10%的水平上显著。

（四）现金持有的二阶段回归分析

本节第二部分、第三部分对现金持有的内生性与外源性进行的分析表明，现金持有受限于企业的资产负债结构，任何一个因素的变化都可以影响企业现金的持有变化，从而影响债券违约风险。为进一步解释现金持有越多违约风险较小这一结论，本节研究采用两阶段最小二乘法来控制现金持有的内生性，以分析现金持有与债券信用利差的真实关系。在前面的模型推导中，本节研究认为，现金持有受到企业杠杆水平、预期现金流等因素的影响。所以，本节研究采用式（2 - 17）、式（2 - 18）来进行分析，式（2 - 17）是对自由现金流进行拟合的，式（2 - 18）中的 CASHTA - HAT 则为式（2-16）中 CASHTA 的拟合值。由于现金持有受到独立董事比例、董事会规模、第一大股东持股比例的影响（Dittmar et al.，2003），因此，在式（2-17）中加入这些外生变量以及虚拟变量 D。D 为企业所有权性质，且当企业为国有企业时，D=1，反之 D=0。

$$CASHTA = \alpha + D + \beta_1 DSH + \beta_2 DLSHBL + \beta_3 DYDGDCG + CONTROL$$
$$+ YEAR + INDUSTRY + \varepsilon \qquad (2-17)$$

$$CS = \alpha + \beta_1 CASHTA - HAT + \beta_2 MATURITY + \beta_3 \ln ZZC + \beta_4 CREDIT$$
$$+ \beta_5 LEV + \beta_6 ROE + YEAR + INDUSTRY + \xi \qquad (2-18)$$

回归结果如表 2-6 所示。由于难以获得非上市公司管理层的相关数据，本节研究只对上市公司样本进行分析。式（2-17）的回归结果见表 2-6 的第 1 列，其 Partial R^2 值为 0.231，且在 1% 的水平上显著，这说明工具变量有一定的弱有效性。式（2-18）的回归结果（见表 2-6 第 2 列）显示，CASHTA-HAT 的系数为负，且在 5% 的水平上显著，这说明现金持有与债券信用利差之间存在显著的负相关关系，也就是说，企业现金持有越多，企业的违约风险就会减小。

表 2-6　　　　　　　　　　2SLS 工具变量回归结果

样本类别	上市公司发债企业	
二阶段过程	一阶段	二阶段
变量	CASHTA	CS
Constant	2.165 *** （-9.22）	9.8391 *** （-6.29）
CASHTA-HAT		-11.331 ** （-2.03）
D	-0.301 *** （4.99）	
DSH	-0.046 ** （-2.71）	
DLDSBL	0.013 （1.33）	
DYDCGBL	-0.008 ** （-2.56）	
LEV	-0.108 ** （-2.41）	1.313 * （1.88）

续表

样本类别	上市公司发债企业	
二阶段过程	一阶段	二阶段
ROE	0.000 (0.34)	0.031 (0.91)
MATURITY	− 0.004 * (1.87)	− 0.141 ** (− 2.34)
lnZZC	0.015 (1.31)	− 0.545 *** (− 7.34)
CREDIT	− 0.102 ** (− 2.33)	− 0.07 (− 1.31)
YEAR	控制	控制
INDUSTRY	控制	控制
样本数	984	984
Partial R^2	0.231	
Adj − R^2	0.598	0.611

注：括号内为系数对应的 t 值，估计过程进行了异方差调整，***、**、* 分别代表系数在 1%、5%、10% 的水平上显著。

（五）稳健性检验

本节研究的稳健性检验主要包括以下三部分。

第一，利用流动比例（CATA）与修正流动比例（QATA）来代替表 2 - 4 中回归分析的现金持有 CASHTA。

第二，采用管理者薪酬与总资产的比（AGENCY）作为 CASHTA 的工具变量，其理由是这个比例越高，管理者将有动机进行预防储蓄，从而保证其私有利益。

上述两种稳健性检验的结果在主要变量上的系数符号与显著性没有发生实质变化。

第三，根据理论模型推导，上市公司与非上市公司由于存在营业外收入的差异（相对于非上市公司，上市公司在 2008 ~ 2012 年获得的营业外收入较少）导致现金持有的内生性决定机制存在差异，从而使得在表 2 - 4 中，非上市公司现金持有与债券信用利差之间呈现负向关系。为了进一步检验营业外收入是否影响非上市公司现金持有与债券信用利差之间的关系，本节研究对投资补贴比例（σ）设定不同的值，取值区间为 0 - 1、步长为 0.05。用现金持有与投资补贴差①作为企业可控的现金持有代入式（2 - 7）进行回归分析，得到可控的现金持有变量系数与 σ 的关系如图 2 - 2 所示。

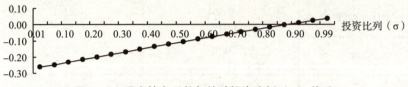

图 2 - 2　现金持有系数与补贴投资比例（σ）关系

从图 2 - 2 可知，当 σ > 0.85 时，现金持有减去投资补贴金额后，非上市公司的现金持有变量系数与债券信用利差变量之间的关系呈现出正向关系。这与上市公司结果一致，即未来投资额与 σ 的大小影响两者之间的系数符号。该结果间接说明，非上市公司获得的大量营业外收入能够影响现金持有与债券信用利差之间的符号。也就是说，对于非上市公司，存在一个 σ^*，且当 $\sigma > \sigma^*$ 时，在因素变化影响违约风险的过程中，影响现金持有，继而影响违约概率的间接影响起主导作用。

六、结论

依据阿查亚（2012）基于发达国家资本市场提出了现金持有内生性理论，本节研究以中国债券市场发行主体特征存在差异为切入点，对阿查亚（2012）的结论进行证实与扩展，以更好地认识中国企业现金持有与债券违约风险之间的关系。本节研究通过理论模型与实证检验得到，在中国债券市场发债企业中，现金持有具有内生性。进一步结合中国发债市场特点，以上市发债公司与非上市发债公司之间的融资约束与营业外收入的差异对基本模型进行放松，基于改进模型，分析上市公司与非上市公司现金持有内生性的差异。研究表明，对于上市公司，因素变化对信用利差的直接影响占主导地位，而对于非上市公司，因素变化影响企业现金持有，进而影响债券信用利差的间接影响占主导地位，主导地位的变化将导致现金

---

① 原则上，按照式（2 - 12），应该是 $CASHTA - \sigma^*$ 投资。但是财政补贴与投资是相关的，因此，用 $CASHTA - \sigma^*$ 财政补贴能够在一定程度上替代 $CASHTA - \sigma^*$ 投资的效果。

持有变量符号的变化。

上述研究结果表明，资产负债表中现金持有的内生性对于信用风险研究相当重要。忽略现金持有的内生性，将会导致结论的偏误。在进行违约风险预测时，要慎重使用现金持有这一变量。

第二节　宏观经济不确定性与企业债券信用风险

一、引言

企业债券作为企业融资的重要途径之一，在金融市场中扮演着重要的角色。信用风险是制约企业债券市场发展、影响企业融资的主要风险。企业债券信用风险主要体现在宏观经济的不确定性上。因此，许多学者对宏观经济不确定性与企业债券信用风险之间的关系进行了大量的理论研究。摩尔（Moore，1961）认为企业破产的概率会随着经济周期的变化而变化。在经济繁荣期，企业破产的可能性较小，从而企业债券违约的概率小，信用风险小，反之亦然。默顿（1974）认为，无风险利率对企业债券的信用利差具有重要的影响。企业债券的价值可以表示为一个面值为 D 的无违约风险债券的价值加上一个空头卖权的价值，无风险利率上升时会减少看跌期权价值，从而企业债券的价值就会有所增加，同时降低企业债券的收益率，因此，企业债券的信用利差与无风险利率呈负相关。奥尔特曼（1983）首先发现表征宏观经济的一组变量的变化率，包括实际国内生产总值（GDP）、S&P 指数等，与公司债券的信用利差之间存在着负相关性，即在各个宏观经济指标显示经济状况较好的时期，企业债券的信用风险较低。进一步，托马斯（Thomas，1998）加入了失业率、国内生产总值（GDP）增长率、长期利率水平、汇率、政府支出和总储蓄率，建立了衡量债券违约可能性的信用组合观点（credit portfolio view）模型。瓦西姆等（Wassim et al.，2010）发现国内生产总值（GDP）的预期变化率和期限结构斜率的预期变化率都是投资组合的信用利差变化的主要影响因素，同时还发现违约风险、市场流动性和回报的波动率也会对投资组合的信用利差变化产生重要影响。

针对上述理论，一些学者对宏观经济不确定性与企业债券信用风险之间的关系进行了实证研究。这些研究取得较为一致的结论。朗斯塔夫和施瓦兹（Longstaff and Schwartz, 1995）提出了一个两因子模型研究无风险利率对公司债券信用利差的影响，并利用穆迪公司 1977～1992 年的数据进行实证检验，回归结果表明随着无风险利率的增加，信用利差减小。在朗斯塔夫和施瓦兹（1995）的基础上，达飞（1998）利用 1985 年 1 月～1995 年 3 月的数据进行进一步的研究，公司债券的信用利差与无风险利率水平及其斜率均为负相关，但是显著性不高。詹姆斯（2000）则利用 1946～1996 年美国 Aaa 级和 Baa 级公司债券的信用利差的变化，考察了美国公司债券信用利差变化与经济周期之间的关系。研究结果表明，在经济衰退时期，这两种特定信用等级的公司债券的信用利差扩大了；而在经济扩张时期，信用利差从前期高峰值趋于降低。古哈和希瑞斯（Guha and Hiris, 2002）也作了类似的研究，并且得出了与詹姆斯（2000）一致的结论。罗纳德（2004）利用澳大利亚债券市场上的 1998 年 7 月 1 日～2001 年 3 月 16 日 800 天的数据，首先考察了股市波动率对信用利差的影响，研究发现，随着股市波动的增长，债券利差会减小，信用利差是对债券风险的补偿。唐（2006）通过建立结构模型来研究宏观经济条件和公司特征对信用利差的影响，得出的结论是信用利差与利率呈负相关。阿夫拉莫夫等（2007）研究表明国库券利率的变化对公司债券信用利差的变化具有最强的影响。乔纳森和赖特（2011）利用 10 个工业化国家的 1990～2007 年的月度数据，研究了通货膨胀率对企业债券信用利差的影响。结果表明，长期债券和短期债券的信用利差都会受到通货膨胀率的影响，但是长期债券受到的影响更大。

国内在这方面的研究集中在定性分析层面，而仅有的实证研究使用时间序列数据，分析较为简单，结果缺乏说服力。金融危机的爆发是一个典型的经济周期，但是还没有学者对金融危机对企业债券信用风险的影响进行研究。2007 年，美国次贷危机引发的国际金融危机给全球经济造成了巨大的冲击，也为本书提供了很好的研究契机。而且，我国企业债券市场的培育环境与国外市场有许多不同之处，法律对企业债券的发行主体和发行利率都有较为严格的限制，这些都有可能对企业债券的信用风险产生影响。因此，本节研究以金融危机为切入点，利用我国 89 家企业债券的 2007～2009 年 36 个月的面板数据构建中国企业债券信用风险影响因素的模型，探讨宏观经济不确定性对我国企业债券信用风险的影响。同时，将利用该回归结果估计的 2009 年 12 月的 89 家企业债券的信用利差，检验回归结果的正确性。

本节其他部分安排如下：第二部分为模型构建及参数估计，主要包括指标选取及模型构建、数据来源及变量的描述性统计和模型估计结果及利差估计值计算；第三部分为本节研究的结论。

二、模型构建及参数估计

（一）指标选取及模型构建

通过对理论文献的回顾可知，宏观经济不确定性对企业债券信用风险的影响主要取决于经济周期、股票市场状况、利率、通货膨胀水平和汇率等具体特征。但是很多实证研究仅对宏观经济不确定性与企业债券信用风险之间的关系进行了简单的线性回归，并没有考虑样本债券的期限和利率特征。针对上述问题，结合2007年美国次贷危机引发的国际金融危机，利用我国715家的企业债券2007～2016年的月度面板数据构建影响因素模型，探讨宏观经济不确定性对企业债券信用风险的影响。

奥尔特曼（1983）对宏观经济环境的不确定性进行研究时选取了经济周期，结果表明经济周期确实会影响企业债券的信用利差。在经济状况较好的时期，企业债券的信用风险较低，而在经济萎靡时期，企业债券的信用风险则较高。詹姆斯（2000）、古哈和希瑞斯（2002）则利用经济状况的拐点代替经济周期对宏观经济环境的不确定性进行了研究，结果与奥尔特曼（1983）一致，经济衰退时期公司债券的信用利差会扩大，而在经济扩张时期，信用利差从前期高峰值趋于降低。随着金融在经济中作用的凸显以及经济的日益虚拟化，现代经济周期愈来愈呈现出明显的金融经济周期特征。[1] 前任美联储主席伯南克和戈特勒等人提出了"金融加速器"的概念，将金融市场摩擦纳入经济周期波动的一般分析框架中，金融危机的爆发过程是一个典型的经济周期。经济全球化使中国经济与世界的联系越来越紧密，美国作为中国最大的贸易伙伴，对中国经济的影响也越来越多。2007年，美国次贷危机引发的国际金融危机给全球经济造成了极大的影响。金融危机自从爆发以来就迅速通过各种途径向我国传导，对我国实体经济和金融市场造成了巨大冲击，出口增长下降和美元贬值的双重影响

---

[1] 何德旭、张捷：《经济周期与金融危机：金融加速其理论的现实解释》，载《财经问题研究》2009年第10期。

已经使许多企业难以生存。企业的偿债能力受到严重的影响，企业债券的价格迅速下跌，从而加大了企业债券的信用风险。由于低价回购债券可以立刻提升公司的总体盈利水平，而且，企业在低价位时把债券购回，等到市况转好的时候再发债，可以降低发债的利息成本。因此，随着企业债券的价格迅速下跌，引发了债券回购热潮，进一步加大了企业债券的信用风险。所以，本节研究选取虚拟变量金融危机的爆发来表示经济周期，与股票市场波动率、利率、通货膨胀率、汇率变动共同作为自变量，选取企业债券到期剩余期限和票面利率类型为控制变量，考察宏观经济不确定性对企业债券信用风险的影响程度。构建的面板数据回归模型如式（2-19）所示。

$$CS = \beta_0 + \beta_1 FC_{i,t} + \beta_2 SI_{i,t} + \beta_3 I_{i,t} + \beta_4 IR_{i,t} + \beta_5 ROE_{i,t} + \beta_6 RT_{i,t}$$
$$+ \beta_7 RW_{i,t} \tag{2-19}$$

其中，$i = 1, 2, 3, \cdots, 89$，代表 89 家企业债券；$t = 1, 2, 3, \cdots,$ 132，代表 2007~2017 年的 132 个月；被解释变量 CS 为企业债券的信用利差，即企业债券到期收益率与相同剩余期限的国债到期收益率之间的差额；金融危机的爆发为虚拟变量，由于金融危机对中国经济的影响在 2008 年开始显现，因此，2007 年该虚拟变量取 0，而 2008~2017 年该虚拟变量取 1；股票市场波动率 SI 为上证综合收盘指数的环比增长率与深证综合收盘指数的环比增长率的平均数；利率 I 为银行 5 年期定期存款的月底利率；通货膨胀率 IR 为 CPI 环比增长率，具体计算公式为（本期 CPI-上期 CPI）/上期 CPI；汇率变动 ROE 为中经网公布的人民币对美元汇率的期末数；企业债券到期剩余期限 RT 为各期末距离企业债券到期日的时间；企业债券票面利率类型 RW 为虚拟变量，我国企业债券的利率类型主要有固定利率、浮动利率和累进利率三种，累进利率债券对信用风险的影响类似于浮动利率，从而两者可以合并考虑，本节研究设定固定利率债券的取值为 1，浮动利率和累进利率债券的取值为 0；$\varepsilon_{i,t}$ 为随机误差项。

基于样本得到总体参数的估计值 $\hat{\beta}_i$，$i = 0, 1, \cdots, 7$ 后，将参数的估计值代入式（2-20）中的模型对应的样本回归模型，就可以计算出各家中国企业债券各期信用利差的估计值。

$$C\hat{S} = \hat{\beta}_0 + \hat{\beta}_1 FC_{i,t} + \hat{\beta}_2 SI_{i,t} + \hat{\beta}_3 I_{i,t} + \hat{\beta}_4 IR_{i,t} + \hat{\beta}_5 ROE_{i,t} + \hat{\beta}_6 RT_{i,t}$$
$$+ \hat{\beta}_7 RW_{i,t} \tag{2-20}$$

（二）数据来源及变量的描述性统计

（1）数据来源。本节研究选取 2007 年 1 月 1 日~2017 年 12 月 31 日期间以月为单位（每月最后一个交易日）的时间序列、沪深证券交易所上所有上市交易的、中长期的、分期付息的、不记名的、公募的企业债券为横截面的面板数据进行估计，共计 132 个时间序列，剔除数据缺失和异常值的样本后，每个横截面有 715 个样本。

模型中需要用到的有关经济周期及货币政策等相关数据来自中经网统计数据库，有关企业债券基本信息以及相关国债数据主要来自 Wind 数据库。

（2）变量的描述性统计。本模型选取的是 2007 年 1 月 1 日 ~2017 年 12 月 31 日期间以月为单位（每月最后一个交易日）的企业债券信用利差及其他相关宏观、微观经济数据，剔除无数据的样本后得到 94380 个观测值。相关变量的描述统计及自变量相关系数矩阵分别如表 2 - 7 和表 2 - 8 所示。

表 2 - 7　　　　　　　　面板回归方程相关变量描述性统计一览表

变量	样本数	最大值	最小值	中位数	均值	标准差
CS	94380	5.1341	0.3141	1.8754	2.873	1.1343
FC	94380	1	0	0	0.4314	0.9863
SI	94380	0.4316	-0.5412	0.1254	0.1612	0.5312
I	94380	5.4312	3.5413	4.2314	4.3261	1.9865
IR	94380	0.4315	-0.0134	0.0109	0.0904	0.2133
ROE	94380	9.8756	6.1341	7.3134	7.0874	0.4523
RT	94380	16.4731	1.0759	8.3013	7.9087	7.9333
RW	94380	1	0	1	0.9786	0.1341

表 2 - 8　　　　　　　　面板回归方程自变量相关系数矩阵

	FC	SI	I	IR	ROE	RT	RW
FC	1.000000						
SI	-0.1345	1.000000					
I	0.1341	-0.3485	1.000000				
IR	-0.4541	0.0312	0.0013	1.000000			
ROE	-0.4536	0.3451	0.2754	0.4334	1.000000		
RT	-0.23334	0.2315	0.03313	0.09713	0.20831	1.000000	
RW	-0.0001	0.0000	-0.0011	-0.0033	0.0001	0.3151	1.000000

（三）模型估计结果及利差估计值计算

（1）豪斯曼（Hausman）检验。利用软件 EViews6.0，先对横截面个体进行豪斯曼检验，结果如表 2-9 所示。

表 2-9   **Hausman 检验结果**

检验总结	Chi - Sq. Statistic	Chi - Sq. d. f	显著性水平
横截面随机效应	0.000000	45	1.0000

（2）模型估计结果。豪斯曼检验结果表明，横截面个体存在随机效应，在此基础上，利用 2007～2017 年的 715 家企业的月度面板数据进行回归，得到表 2-10 的面板数据模型横截面随机效应的回归结果。

表 2-10   面板数据随机效应的回归结果

变量	系数	t 值	显著性概率
FC	0.3143	3.4513	0.0001
SI	-0.1341	-4.1475	0.0000
I	0.0001	0.9865	0.5111
IR	4.1358	5.1179	0.0000
ROE	-0.02318	-4.1348	0.0000
RT	-0.11139	-2.5637	0.0570
RW	-0.1989	-2.0173	0.0370

从最终的回归结果可以看出，虚拟变量金融危机的爆发、股票市场波动率、人民币对美元汇率以及通货膨胀率显著性 P 值为 0.00，说明这四项因素对我国企业债券的信用风险具有显著影响。利率都与企业债券信用风险负相关，但是不显著。具体来说：

金融危机虚拟变量与信用利差正相关，表明金融危机的爆发会加大企业债券的信用风险。这是因为经济全球化使中国经济与世界的联系越来越紧密，美国作为中国最大的贸易伙伴，对中国经济的影响也越来越多。

2007 年，美国次贷危机引发的全球性金融危机，对我国实体经济和金融市场造成巨大冲击，企业的偿债能力受到严重的影响，因此，企业债券的价格迅速下跌，从而加大了企业债券的信用风险。

股票市场波动率与信用风险负相关，表明股票市场波动率增大时会加大企业债券的信用风险。这是因为债券投资与股票投资的替代效应明显，股票市场波动率的增大加大了股票市场的投资风险，从而吸引了更多的投资者投资债券市场，从而投资债券市场的资金增加，抬高企业债券的价格，降低企业债券的信用风险。

利率水平与企业债券的信用风险水平负相关，但是结果不显著。根据默顿（1974）的结构模型，当利率上升时，企业债券的信用利差会变小。但是，由于我国的企业债券市场的投资者与个人为主，而且我国是一个储蓄大国。当利率上升时，会吸引更多的投资者储蓄，从而减少企业债券市场的资金，压低企业债券市场的价格，增加企业债券的信用风险。因此，在以上两方面原因的作用下，利率对我国企业债券信用风险的变化的影响不太显著。

通货膨胀率与信用利差显著正相关，表明通货膨胀率的上升会增加企业债券的信用风险。这是因为通货膨胀率升高时消费支出增加，投资支出减少，人们对未来预期的不确定性加大，风险厌恶程度加大，减少了对企业债券的需求，最终引起企业债券信用利差的增大。

人民币对美元汇率与企业债券信用利差显著负相关，表明广义货币供应量的增加会降低企业债券的信用风险。这是因为汇率越低，人民币面临的升值压力越大，不利于企业的对外贸易，从而会增加企业债券的信用风险，加大企业债券的信用利差。

（3）稳健性检验。前文用企业债券的剩余期限 RT 控制由于企业债券本身剩余期限的不同而导致信用风险的差异，没有考虑债券已存续期限对信用风险的影响。DUR 是债券发行期限，即为债券从发行日开始至到期日为止的持续年限。债券的发行期限越长，未来的不确定性就越强，债券的信用风险越大，其利差应该就越高。因此，本部分在保持其他指标不变的情况下，用 DUR 代替 RT 来进行稳健性检验。回归结果如表 2 - 11 所示。从表 2 - 11 可以看出，回归结果与原模型类似，说明本节研究所构建的模型的稳健性是较好的。

表2-11   稳健性检验回归结果

变量	系数	t 值	显著性概率
FC	0.1346	3.2197	0.0001
SI	-0.0873	-5.1221	0.0000
I	0.0133	0.8907	0.3147
IR	5.1362	9.4164	0.0000
ROE	-0.9146	-11.3142	0.0000
DUR	-0.0314	-3.067563	0.0131
RW	-0.2098	-2.0133	0.0231

（4）估计值计算。根据表2-11中估计出的参数，我们利用式（2-20）计算出715家样本的企业债券2017年12月31日的信用利差的估计值。得到的结果如图2-3所示。从图2-3的检验结果可以看出，信用利差的真实值与利用影响因素模型计算的利差的差距有90%的可能性落在正负两个标准差内。说明本节研究选取的宏观经济不确定性变量对企业债券信用风险的影响进行分析具有一定的合理性，即金融危机的爆发、股票市场波动率、通货膨胀率以及人民币对美元汇率确实会对我国企业债券的信用风险产生影响。

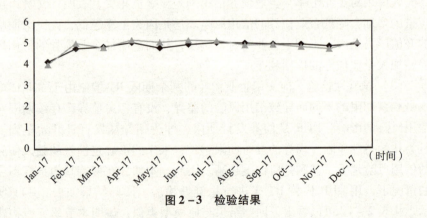

图2-3   检验结果

三、结　论

本节研究以金融危机为切入点，利用2007～2017年的月度面板数据检验了宏观经济不确定性与我国企业债券信用风险之间的关系。研究结果表明，在现代经济社会，用金融危机的爆发作为经济周期的替代变量来研究企业债券的信用风险具有一定的合理性。同时，通货膨胀率、股票市场波动率以及人民币对美元汇率都会对中国企业债券信用风险产生显著影响。本节研究最后利用回归结果对计算了 2017 年 12 月的 715 家债券利差估计值，且估计利差与实际利差具有较高的拟合程度，表明宏观经济不确定性对企业债券信用风险定价的影响具有不可忽视的作用，进一步验证了本节的研究结论。

第三章

信息不对称与企业债券信用风险

企业债券发行者与投资者之间的信息不对称导致投资者因为承担更大的风险而要求更高的回报，从而推高企业债券发行者的信用利差。本章实证检验企业债券发行者和投资者之间的信息不对称对企业债券信用利差的影响。

并且，将债券市场中的信息问题区分为一级市场上发债企业与投资者之间的信息不确定与二级市场上投资者之间的信息不对称，进一步实证检验信息不确定、信息不对称与债券信用利差之间的关系。

第一节　信息不对称与企业债券信用风险定价

一、引言

企业债券具有流动性大、约束力强以及低成本等优势，在发达的市场经济国家里，债券融资在企业融资中占有主导地位。在中国，虽然中国企业债券融资规模由 2002 年的 367 亿元增加至 2011 年末的 13658 亿元，增加了 35 倍①。但是，企业债券发行的规模仍远远落后于股票的发行规模。截至 2011 年底，中国股票市值为 23 万亿元人民币，仅次于纽约证券交易所和纳斯达克，而中国债券发行规模仅为 5 万亿元人民币（时文朝，2012）②。扩大中国企业债券发行规模已成为当前迫切而艰巨的任务。

---

① "社会融资规模快速增长　直接融资十年增 17 倍"，新华网，http：//news. xinhuanet. com/fortune/2012 - 09/14/c_123714572. htm。
② 时文朝：《扩大直接债务融资，服务实体经济发展》，载《求是》2012 年第 10 期。

　　严重的信息不对称可能导致投资者难以了解债券发行企业的真实情况，投资者面临着较高的信息收集费用和较大的信用风险，投资积极性必然受到打击。信息不对称还可能导致企业的外部融资能力大大降低（Morellec & Schürhoff，2011）。因此，解决债券发行市场中的信息不对称问题能帮助完善和发展我国的债券市场。原中国证监会主席郭树清提出，要按照统一准入条件、统一信息披露标准、统一资信评级的要求、统一投资者适当性制度和统一投资者保护机制的要求，积极推进完善债券发行交易法律制度，为债券市场的改革和发展提供制度保障①。

　　基于以上背景，本节研究利用 2008 年 12 月 31 日 ~ 2017 年 12 月 31 日中国非上市公司的企业债券数据，对企业债券发行者和投资者之间信息不对称程度与中国企业债券信用利差之间的关系进行了实证研究；并构建包含信息不对称的企业债券信用风险定价模型，利用上市公司债券数据，检验模型对实际利差的拟合优度。

　　本节研究的贡献在于，第一，本节研究首次利用中国非上市企业债券数据实证检验信息不对称与企业债券信用利差之间的相关性，并且发现二者之间存在显著的正相关；第二，基于信息不对称与企业债券信用利差之间的正相关性，本节研究改进了传统的 BS 定价模型，建立了包含信息不对称的企业债券信用风险定价模型。对这一模型的检验表明，我们构建的定价模型能很好地拟合实际利差。本节的研究具有以下几方面的意义：为企业债券信用风险定价的研究提供新的视角与方法；为监管部门制定企业债券发行的信息披露政策提供理论依据；帮助投资者在信息不对称的情况下准确地对企业债券信用风险进行定价，从而降低投资者的投资风险，增强投资者投资债券的积极性；帮助企业降低与投资者之间的信息不对称，从而降低债券融资成本。

　　本节其他部分结构安排如下。第二部分对已有相关文献进行梳理回顾，并提出本节的研究假设；第三部分是研究设计部分，包括样本的选择，变量的定义以及检验假设模型的建立；第四部分是实证结果，包括变量的描述性统计，多元回归分析与稳健性检验；第五部分是两种信用风险定价模型比较；第六部分是本节的结论部分。

---

① 郭树清：第九届中小企业融资论坛上的讲话，2011 年 12 月 1 日。

二、文献回顾与研究假设

古典经济学和新古典经济学都是以完全竞争的市场为假设的，且假设买卖双方都拥有完全对称的信息。但在现实的经济运行中，市场通常是不完善的，而信息不对称也到处可见。20世纪70年代，阿克洛夫（Akerlof，1970）发现了信息不对称的普遍存在及其对市场的影响。此后，以非对称信息为假设的市场理论被广泛运用到各种分析中。信息不对称导致投资者无法了解企业的真实财务状况而承担更高的投资风险。因此，投资者必然向债券发行企业索取更高的回报作为补偿，从而导致发债企业承担更高的信用利差。企业债券发行者与投资者之间信息不对称的程度越高，投资者要求企业债券发行者给予的风险补偿也就越高，企业债券的利差也就应该越高。这一结论已被实证研究予以证明。余（2005）用AIMR的披露等级作为财务信息透明度的衡量指标，实证检验了企业债券信用利差的期限结构和财务信息的质量之间的关系。研究发现，财务透明度较高的公司具有较低的信用利差，尤其是对于短期债券更是如此。针对前人研究的不足，即衡量信息不对称对债券定价的影响时未提供一个含信息数量和质量的总体评价的指标，摩尔曼（Moerman，2005）使用二级市场的买入卖出价作为借款公司信息不对称的衡量手段。研究发现，在其他条件相同的情况下，借款人的组合贷款的利率利差与之前二级市场上的买入卖出价正相关；在其他条件相同的情况下，组合贷款的期限和之前二级市场上的买入卖出价负相关。廖等（Liao et al.，2009）用原始PIN模型估计的信息交易的概率（PIN）、拓展PIN模型估计的信息交易的概率（ADJPIN）以及买卖差额（OI）来表示企业债券发行者与投资者之间的信息不对称程度，实证检验了债券投资者与管理层之间的信息不对称对于债券信用利差的影响，结果表明信息不对称对债券信用利差存在显著性影响。

从以上文献可知，国外已有大量的实证研究证明信息不对称影响企业债券的信用利差，但是尚未发现信息不对称对中国企业债券信用利差影响的研究。中国企业债券发行中的信息不对称程度严重，导致投资者难以了解发债企业的真实情况，投资者面临着较高的信息收集费用和较大的信用风险。林毅夫和李永军（2001）认为，中国企业在外部融资的过程中往往存在信息不对称情况。且这种情况一直没有显著性的改善。张瀛（2007）发现，即便在信息披露比较规范的情况下，银行间债券市场信息不对称仍

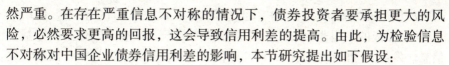

然严重。在存在严重信息不对称的情况下，债券投资者要承担更大的风险，必然要求更高的回报，这会导致信用利差的提高。由此，为检验信息不对称对中国企业债券信用利差的影响，本节研究提出如下假设：

H1：企业债券发行者与投资者之间的信息不对称程度和企业债券的信用利差正相关。

默顿（1974）提出了基于经典期权分析法的结构模型，该模型假定企业只发行一种零息债券，当企业的资产价值低于债券的面值时，企业将发生违约。这一模型的提出为企业债券信用风险定价奠定了理论基础，但该模型估计得到的信用利差与实际利差常常有很大差距，主要原因在于默顿（1974）模型假设条件过于理想化。黄和黄（2003）发现，只有25%的信用利差真正与违约风险有关。科林－迪弗雷纳等（Collin – Dufresne et al., 2001）也有类似的结果。针对结构模型假设与现实不符的事实，一些学者开始从非对称信息的角度对传统结构模型进行拓展。达菲和兰多（Duffie and Lando, 2001）认为，不完全的会计信息导致投资者对公司价值认知的不精确，从而导致对信用利差期限结构的不同预测。余（2005）的经验研究表明，加入信息不对称能够提高对债券信用利差的解释力，尤其对于那些剩余期限少于3年的债券。廖等（2009）证明了信息不对称能够解释银行信用评级给出的违约概率与默顿（1974）结构模型估计的违约概率之间的巨大差异。凡恩等（Van et al., 2001）的研究表明，信息不对称不仅会加大公司价值的波动性，也会导致投资者对公司未来价值采取更为保守的估计。

总之，非对称信息能够影响公司价值的波动性，并且期权的价值会随着波动率的增加而增加，因此，按照结构模型理论，信用利差将随着波动率的增加而增加。从直观上看，这个结论也较为明显，因为波动率的增加将会导致违约概率的增大。那么基于以上所述，含有信息不对称因素的债券信用风险定价模型应该更能拟合真实的信用利差。由此，本节研究提出如下假设：

H2：相对于传统的BS定价模型，基于信息不对称的债券信用风险定价模型更能拟合真实的信用利差。

三、研究设计

（一）样本选取与数据来源

为了避免美国次贷危机这一事件对研究结果产生的结构性影响，本节研究所使用的为 2008 年 12 月 31 日 ～ 2017 年 12 月 31 日的样本，信用等级为 AAA 级的中国非上市公司的企业债券数据。样本中的企业债券基本信息、发债企业的财务数据，以及国债到期收益率等数据均来自国泰安数据库。由于银行间市场企业债券价格相对于交易所市场企业债券价格缺乏弹性，难以反映出真实的企业债券价格，因此，本节研究选取中国非上市的企业债券作为研究对象。不仅如此，由于中国企业债券大多数为 AAA 级，同时为了排除信用等级对企业债券利差的影响，因此，本节研究仅选取信用等级为 AAA 级的非上市的企业债券。在剔除数据缺失和异常值的观测值后，样本中剩余观测值数为 1141 个，即本节研究选取这 1141 个非上市的企业债券数据作为研究对象。

（二）研究设计

余（2005）研究表明，企业债券信用利差的期限结构和财务信息质量之间的关系，发现财务透明度较高的公司具有较低的信用利差。余（2005）的模型如下：

$$CS_i = \alpha + \beta_1 DISC_i + \beta_2 MAT_i + \beta_3 LEV_i + \beta_4 VOL_i + \beta_5 AGE_i$$
$$+ \beta_6 LSIZE_i + \varepsilon_i \tag{3-1}$$

其中，CS_i 代表信用利差；$DISC_i$ 代表财务信息透明度，是衡量信息不对称的指标；MAT_i 代表债券期限；LEV_i 代表违约距离；VOL_i 代表企业资产市场价值的波动率；AGE_i 代表债券的剩余期限；$LSIZE_i$ 代表发行在外的债券总额；ε_i 是随机误差项。

为了验证本节研究提出的假设 H1，本节研究借鉴余（2005）的思想，针对中国企业债券发行中的信息不对称，构建多元回归模型如下：

$$CS = \alpha + \beta_1 INTAN + \beta_2 MAT + \beta_3 LEV + \beta_4 AGE$$
$$+ \beta_5 LSIZE + \varepsilon \tag{3-2}$$

模型中各个变量的解释如表 3 - 1 所示。

表 3 - 1　　　　　　　　　　　　变量定义

变量类型	变量名称	变量含义
被解释变量	CS	债券的到期收益率与剩余期限相同国债到期收益率之差
解释变量	INTAN	无形资产占总资产账面价值的比例
	VAR	年收益率的波动幅度

变量类型	变量名称	变量含义
控制变量	MAT	债券剩余期限
	LEV	违约距离
	AGE	债券已存续年限
	LSIZE	发债规模

其中，被解释变量为企业债券利差，即企业债券的到期收益率与剩余期限相同的国债到期收益率之差。计算方法为：

$$CS_\tau = YTM_\tau - r_\tau \qquad (3-3)$$

CS_τ代表剩余期限为τ的企业债券利差；YTM_τ代表剩余期限为τ的企业债券到期收益率；r_τ代表剩余期限为τ的国债到期收益率。企业债券和国债的到期收益率数据来自国泰安数据库，国债到期收益率的数据间隔为0.2年，与企业债券相同剩余期限的国债到期收益率通过线性插值法计算而得。

INTAN 是指企业债券发行者与投资者之间信息不对称的程度，INTAN的符号预期为正。在余（2005）中，DISC 是用来衡量信息不对称的指标，其具体来源是投资与管理研究协会（Association For Investment and Management Research）出版的年度公司披露排名，该排名是用来衡量公司财务信息透明度的。由于中国类似的权威排名很难获得，因此，本节研究以无形资产占发债企业账面总资产的比例来衡量信息不对称程度。德梅洛和费理斯（D'Mello and Ferris，2009）提出用金融分析师的预测误差或预测偏差来衡量信息不对称。豪威林等（Houweling et al.，2002）提出用市值账面比或市价收益比来衡量信息不对称。廖等（2009）用原始 PIN 模型估计的信息交易的概率、拓展 PIN 模型估计的信息交易的概率、买卖差额表示债券投资者与债券投资者之间的信息不对称程度。凡恩等（2001）指出公司收益的方差也是一种信息不对称的间接代理变量。米格尔和平达多（Miguel and Pindado，2001）认为，无形资产占公司总资产的比例是一个较好的衡量公司信息不对称程度的变量。米格尔和平达多（Miguel and Pindado，2001）认为，对于拥有较多无形资产的公司，其经理具有更多的信息优势，因为无形资产价值更具有公司特征，且无形资产通常代表未来投资机会的自由度，对外部投资者来说，无形资产比有形资产更不易评估。因此，一般来说，无形资产占发债企业总资产的比率越高，企业债券发行者和投资者之间的信息不对称程度就越高，投资者面临的风险也就越大，要求的回报越高，相应的债券利差也应该越大。本节研究借鉴米格尔和平达多（2001）的思想，以无形资产占发债企业账面总资产的比例来衡量企业债券发行者与投资者之间的信息不对称程度。

MAT 指债券剩余期限，即债券到期年限与当期年的差值。一般认为剩余期限较长的企业债券由于其流动性较差且不确定性较大，故风险较大，利差应较高。

LEV 是违约距离。由于无法获得发债企业的市值波动率，本节研究采用负债的账面价值/总资产来代替。在结构模型中，违约距离越大，信用风险就越大，债券利差也就越大，因此，违约距离应与信用利差正相关。

AGE 是债券已存续年限，即债券从发行年与当期年的差值。余（2005）认为，一只债券已存续年限越长，它的交易就越不频繁，流动性就越差，因此，债券利差就越大。但从信息不对称的角度来说，一只债券已存续的年限越长，它的已披露信息就越多，企业债券发行者与投资者之间的信息不对称程度越低，因此，信用利差应该越小。

LSIZE 是债券的以亿元为单位的发行规模。余（2005）认为，一只债券的发债规模越大，就有更多的投资者对它产生投资兴趣，更多的二手市场交易，因此，导致更低的债券利差。

VAR 代表收益的年间振幅，计算方法为：（最高成交价 - 最低成交价）/最低成交价×100%。凡恩等（Van et al. ，2001）认为，公司收益的方差可以作为信息不对称的间接代理变量。

INTAN 是本节研究关注的核心变量。在对式（3 - 2）的回归检验中，如果 INTAN 的系数显著为正，那么 H1 得到验证。

为了对 H2 进行验证，我们设定两个评判标准：第一，相关系数；第二，真实值与拟合值的残差平方和。第二个拟合标准是第一个拟合标准的补充。假如加入非对称信息的定价模型估计的价差与真实价差的相关系数比传统的 BS 模型相关系数大，并且残差平方和更小，那么 H2 得到验证。本节研究计算使用 Matlab7.0。

四、实证分析

（一）变量的描述性统计

本节研究样本的描述性统计如表 3 - 2 所示。

表3-2　　　　　　　　　　样本的描述性统计

变量	样本数（个）	最大值	最小值	中位数	均值	标准差
信用利差	1141	4.51	0.312	2.78	1.351	0.886
无形资产比例	1141	0.387	0.001	0.034	0.025	0.102
剩余期限	1141	22	1	6	6.718	3.999
发行期限	1141	30	5	10	11.131	4.518
违约距离	1141	0.987	0.297	0.643	0.776	0.313
已存续年限	1141	10	0.1	4	4.514	2.578
债券发行规模	1141	81	0.2	19	21.331	14.998

从表3-2中可以看出，中国企业债券信用利差平均为1.686个百分点，其最大值与最小值之差大于3.8个百分点，变化幅度较大，说明中国企业债券市场具有一定的甄别不同发债主体的能力，具有一定的有效性。无形资产比例的平均值为0.038，中位数为0.017，最大值为0.369，这表明公司无形资产比例偏向最大值一边。根据米格尔和平达多（2001）的观点，无形资产比有形资产更不易评估。可见，中国发债企业平均的信息不对称程度是较高的。中国企业债券平均发行期限为10年，平均已存续年限为4年，而平均剩余期限为6年，这三个数字之间基本吻合，说明中国企业债券的发行情况在近年来保持稳定。债券发行规模的最大值与最小值差距悬殊，说明不同发债主体的发债能力不同。

（二）多元回归分析

本节研究利用式（3-2）进行回归分析，回归结果如表3-3所示。

表3-3　　　　　　　　　信用利差变化决定因素回归结果

变量	系数	标准差	t值	显著性概率
常数项	2.971	0.351	9.11	0.00 ***
无形资产比例	1.224	0.441	2.31	0.04 **
已存续年限	-0.044	0.044	-2.13	0.03 **
违约距离	0.691	0.312	2.11	0.04 **

续表

变量	系数	标准差	t 值	显著性概率
债券发行规模	− 0.001	0.012	− 0.37	0.66
剩余期限	− 0.076	0.009	− 7.13	0.00 ***
R^2	0.271	调整的 R^2		0.21
F 值	21.31	显著性概率		0.00

注：***、** 与 * 分别表示在1%、5% 与10% 的水平上显著。

从表 3 - 3 中可以看出：

（1）调整后的 R^2 达到21%，F 检验在1% 的水平上显著，说明模型整体是显著的，对利差具有较高的解释程度。

（2）无形资产占发债企业账面总资产的比率与企业债券利差正相关，并且在1% 的水平上显著。H1 得到验证，即无形资产占比越高，发债企业的信息越难以被外界投资者所知，则相应的企业债券利差就越高。

（3）债券剩余期限与债券利差负相关，并且在1% 的水平上显著。这可能是由于企业债券利差"倒挂"现象的存在，现行利率政策限制了企业债券利率的调节空间，因此，不能很好地体现不同期限结构企业债券的差别。

（4）债券违约距离，即发债企业的账面资产负债率在5% 的水平上显著，且与债券利差正相关，即发债企业的负债程度越高，企业债券的利差就越大，与理论分析一致。

（5）债券已存续年限与债券利差负相关，且在5% 的水平上显著。这一结果进一步支持了本节研究关于信息不对称会加大企业债券信用利差的观点。之所以与从流动性角度出发进行的分析不符，可能是因为我国企业债券发行交易普遍不频繁，流动性普遍较差，因此，流动性这一指标并不能对不同债券产生较好的区分。

（6）债券的发行规模这一指标不显著，也可以从债券流动性普遍较差的角度进行解释。从理论上来说，债券的发行规模越大，对它感兴趣的投资者越多，它的流动性就越好，因此，债券利差越低。但是由于我国债券的流动性普遍较差，不同债券的流动性差别不大，因此，债券发行规模这一指标并不能很好地对不同债券进行区分。

（三）稳健性检验

前文根据米格尔和平达多（2001）的研究，用债券发行企业的无形资产占公司总资产的比例来衡量公司信息不对称程度的变量。为了检验结果的稳定性，本节研究借鉴凡恩等（2001）的研究，采用公司收益的方差来衡量公司信息不对称程度。因此，本节研究在保持其他指标不变的情况下，用 VAR 代替 INTAN 来进行稳健性检验。回归结果如表 3 - 4 所示。

表 3 - 4　　　　　　　　　　　稳健性检验结果

变量	系数	标准差	t 值	显著性概率
常数项	3.134	0.441	9.11	0.00***
收益方差	0.021	0.022	3.11	0.03**
已存续年限	-0.091	0.012	-2.21	0.00***
违约距离	-0.413	0.313	-0.86	0.13
债券发行规模	-0.021	0.012	-0.71	0.313
剩余期限	-0.041	0.031	-9.12	0.00***
R^2	0.24	调整的 R^2		0.29
F 值	19.77	显著性概率		0.00

注：***、** 与 * 分别表示在1%、5%与10%的水平上显著。

从表 3 - 4 可以看出，回归结果与原模型结果与显著性几乎完全一致，说明本节研究所构建的模型的稳健性是较好的。

五、不同定价模型比较

为了验证本节研究提出的假设 H2，本节研究构建基于信息不对称的债券信用风险定价模型，并与传统的 BS 定价模型比较，分析定价模型的拟合度。

本节研究首先以默顿（1974）的 BS 模型为基础，构建包含信息不对称因素的定价模型。由于默顿（1974）的 BS 模型的变量有公司收益率的波动性 σ，但是，中国发债企业的市场价值波动率数据无法取得，本节研究用式（3 - 2）中的 INTAN 代替 BS 模型中的 σ。廖等（2009）研究发现，信息不对称会导致基础资产市场价值的波动率增加，同时也会导致市场对资产市场价值的低估。因此，本节研究用式（3-2）中的 INTAN 代替 BS 模型中的 σ。同时，在现实中，企业一般会同时采用多种方式融资，如银行贷款等，而不是只发行一种债券，因此，K 应该是企业总负债的账面价值，而不只是债券的面值。基于以上分析，本节研究构建的定价模型如下：

$$若 N(d_2) + \frac{V_0}{K} e^{r(T-t)} N(d_1) > 1, \quad CS_t(T) = \sqrt[4]{\left| \frac{1}{T-t} \ln\left[N(d_2) + \frac{V_0}{K} e^{r(T-t)} N(d_1) \right] + 0.2 \right|}$$

$$若 N(d_2) + \frac{V_0}{K} e^{r(T-t)} N(d_1) > 1, \quad CS_t(T) = \sqrt[-4]{\left| \frac{1}{T-t} \ln\left[N(d_2) + \frac{V_0}{K} e^{r(T-t)} N(d_1) \right] + 0.2 \right|}$$

$$d_1 = \frac{\ln\left(\frac{V_t}{K}\right) + \left(r + \frac{\sigma^2}{2}\right)(T-t)}{\sigma \sqrt{T-t}}, \quad d_2 = d_1 - \sigma\sqrt{T-t}$$

$$N(y) = \frac{1}{\sqrt{2\pi}} \int_{-\infty}^{y} e^{-u^2/2} du \qquad (3-4)$$

其中，CS_t 为 t 时刻的企业债券利差；T 是企业债券发行期限；t 是债券已存续年限；V_0 是企业发行债券时的账面总资产；K 是企业总负债的账面价值；r 是无风险利率；σ 是企业信息不对称的程度，即企业无形资产占总资产的比率。

如前所述，为了检验 H2，本节研究设计两个评判标准，第一，两个模型模拟出来的利差与真实利差的相关系数；第二，两个模型模拟出来的利差与真实利差的残差平方和。由于存在上市公司发行债券的发行日期各异，发行期限和剩余期限也各不相同，则式（3-4）中的 T-t 即为各企业债券的剩余年限，同时本节研究采取一种简化的办法，把 V_0 设为发债企业在 2011 年 12 月 31 日的总资产账面价值。由于这样的简化没有改变企业债券的基本要素，也不会改变定价的结果，因此，与实际情况是相符的。在剔除缺失和异常值后，本节研究得到信用等级为 AAA 的 70 只上市公司债券，作为以下研究的对象。

接下来，将上述相关数据代入 BS 模型，以及本节研究的信息不对称模型（3-4），分别求出两个模型下拟合得到的债券利差与实际利差间的相关系数，以及拟合得到的债券利差与实际利差的残差平方和。结果如表 3-5 所示。其中，CS 为实际利差；BS 是以 BS 模型拟合出来的利差；INTAN 是以式（3-4）拟合出来的利差。

表 3 - 5　　　　　　真实利差与改进后模型拟合出来利差的相关系数

变量	CS	BS	-　INTAN
CS	1		
BS	- 0. 1541	1	
INTAN	0. 4132	- 0. 5112	1

表 3 - 5 显示，INTAN 与 CS 相关系数大于 BS 与 CS 的相关系数。同时，通过计算，本节得到 BS 模型的残差平方和为 214. 1，而信息不对称模型的残差平方和为 43. 41。因此，根据前面的两个标准，本节认为，本节构建的信息不对称模型的拟合度优于传统的 BS 模型。

图 3 - 1 为实际利差、BS 模型拟合利差，以及本节式（3 - 4）拟合出来的利差图。图 3 - 1 显示，同 BS 相比，INTAN 更好地拟合了真实 CS 的走向。

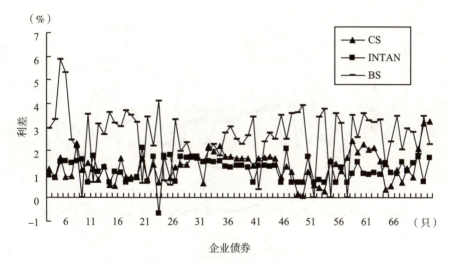

图 3 - 1　实践利差，INTAN 与 BS

最后，为了进一步验证式（3 - 4）的拟合度，本节研究将上市公司收益率波动性作为 σ，代入式（3 - 4），获得利差 BS；然后，以无形资产与企业总资产比率作为 σ，代入式（3 - 4），获得利差 INTAN。拟合利差 BS，INTAN 与真实利差 CS 之间的相关性如表 3 - 6 所示。

表3-6　　　　　　真实利差与改进后模型拟合出来利差的相关系数

变量	CS	BS	INTAN
CS	1		
BS	0.1231	1	
INTAN	0.4132	0.3319	1

　　表3-6显示，INTAN与CS相关系数大于BS与CS的相关系数。同时，计算得到BS模型的残差平方和为214.1，而式（3-4）的残差平方和为43.41。根据以上两个标准，本节研究认为，式（3-4）的拟合程度优于传统的BS模型。

　　图3-2为实际利差与上市公司收益率波动性、信息不对称指标分别代入式（3-4）计算出来的利差对比图。从图3-2中看，INTAN能更好地拟合实际的CS。

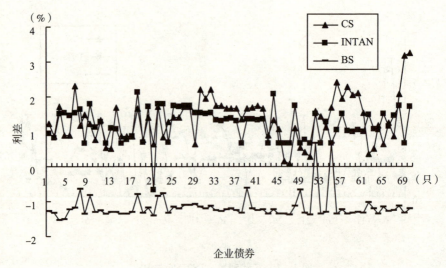

图3-2　实际利差与同一模型使用不同变量得到的利差

六、结　论

　　本节研究利用2008年12月31日～2017年12月31日中国非上市公司的企业债券数据，对企业债券发行者和投资者之间信息不对称程度对中国企业债券信用利差的影响进行了实证研究。结果表明，中国企业债券信用利差和企业债券发行者与投资者之间信息不对称程度之间存在显著的正相关关系。同时，本节研究构建了包含信息不对称的企业债券信用风险定价模型，利用上市公司债券数据，对不同模型的拟合度进行了分析。结果表明，同传统的 BS 定价模型相比，本节研究的信息不对称模型能够更好地拟合企业债券的实际信用利差。本节研究的贡献有两点。

第一，本节研究利用中国非上市企业债券数据实证检验信息不对称与企业债券信用利差之间的相关性，并且发现二者之间存在显著的正相关。

第二，基于信息不对称与企业债券信用利差之间的正相关性，本节研究改进了传统的 BS 定价模型，建立了包含信息不对称的企业债券信用风险定价模型。通过对这一模型的检验表明，我们构建的定价模型能很好地拟合实际风险。

第二节　信息不确定、信息不对称与企业债券信用风险

一、引言

与股票融资方式相比，债券具有能够充分发挥财务杠杆效应等优点，而与银行贷款相比，债券可上市交易，流动性强。在过去的 20 年，中国债券市场获得了较大的发展。2017 年，中国企业债券发行规模达到了 18000 亿元，为 2017 年发行量的 3 倍①。但是，中国债券市场的发展仍然缓慢，企业债券的市值仍然远远小于股市的市值。

中国债券市场发展缓慢，原因之一可能是中国债券市场存在两方面的信息问题：信息不对称与信息不确定。信息不确定存在于发债企业和投资者之间。张（Zhang，2006）把信息不确定定义为对公司价值产生影响的新信息的认识存在的模糊性。信息不确定来源于两个方面，企业基本面的波动以及信息不畅。江等（Jiang et al.，2005）定义信息不确定为，即使对于最懂行的投资者来说，也不能正确估计企业价值，从而导致企业价值

----

① 数据来源于 Wind 数据库统计。

的模糊。这两个信息不确定的定义是一致的。本节研究定义的信息不确定参照上述定义，把信息不确定定义为投资者对投资企业真正价值估计的不确定。在结构模型的框架下，当企业价值低于特定阈值时，违约将会发生。如果债券投资者不能准确确定一家公司的真正价值，那么他们也不能准确地计算出这家公司真实的违约风险，从而要求较高的债券风险溢价。所以，我们可以预计的是当发债企业信息质量较差或者信息透明度低时，也就是说对于公司价值存在较高信息不确定时，投资者将要求较高的补偿收益率。

信息不对称是指市场参与者信息的不平等，它存在于二级市场上的投资者之间。信息不对称是由于投资者拥有的私有信息不一致，导致某些知情的投资者更多地了解一个公司的基本价值。知情交易者与非知情交易者不仅增加了公司价值的波动，也使得投资者对于企业未来价值的分布存在保守认识。具体来说，针对某一特定债券，不同投资者拥有不同的信息集，知情交易者能较精确地评估债券价值。同时，拥有不同信息的投资者将会对公司的未来价值产生不同的预期，这些预期影响投资者行为，继而对债券价格及到期收益率产生影响。

信息不对称会影响资产价格与投资者的交易行为。许多研究已经证明了信息不确定与股票回报之间存在的相关性，但现有研究中，只有少量研究分析并检验了信息不对称在债券市场中的影响。研究信息不对称对债券市场的影响不仅有助于债券市场投资者的投资选择，而且有利于中国债券市场的发展。

基于以上原因，本节研究选取 2005～2017 年中国企业发行企业债券的数据，对发债企业和投资者之间的信息不确定以及投资者之间的信息不确定进行量化，然后针对这两类信息不对称和债券信用风险的关系进行实证检验，探讨信息不对称对企业债券信用风险的影响。

本书的贡献之处在于：首先，在国内的研究中，对企业债券信用利差的研究更多的是从宏观经济环境和微观企业结构两个方面进行的，而从信息不对称角度进行的研究很少。本书的研究能够丰富对企业债券信用利差的文献，并为信息不对称如何影响企业债券信用利差提供新的证据。其次，本节研究根据企业债券的发行环节和上市交易环节，将信息不对称分为发行环节上企业与投资者之间的信息不确定，与交易环节上的投资者之间信息的不对称，并针对两类信息不对称分别提出衡量指标，能够更精确地验证不同环节的信息不对称对企业债券信用风险定价的影响。再其次，本书的研究验证了达菲和兰多（2001）的结论，即不完全的会计信息不是造成企业价值不确定的唯一原因，非会计相关的信息不确定，信息不对称对债券信用利差也有着重要影响。最后，本书结合中国宏观经济环境以及发债市场实际，对理论预期与实际检验结果不一致的原因进行了分析。

本节其他部分安排如下：在第二部分回顾国内外相关文献，并提出研究假设；第三部分为数据选取与模型构建；第四部分为实证与稳健性检验；第五部分为本节的主要结论。

二、文献回顾与研究假设

默顿（1974）构建的结构模型为估计企业违约风险与企业债券信用利差开辟了新的道路。该模型使用期权定价理论估计企业资产价值，并发现资产价值、资产价值波动与企业杠杆水平是影响企业债券价值的主要因素，然而许多实证研究表明传统的结构模型仅仅只能解释一小部分的信用利差。达菲和兰多（2001）认为不完整的会计信息能够影响对公司价值的准确的判断，继而导致对利差期限结构形状不同的预测，但对于短期债券来说，这个结论却提高了债券信用利差的解释能力（Yu，2005），然而，不完全会计信息不是造成企业价值波动的唯一因素（Jiang et al.，2005）。基于上述两项研究，目前的研究集中在探讨其他因素也可能导致公司价值的不确定，继而影响债券信用利差方面。其最重要的其他因素应属于信息不对称因素（Liao et al.，2009）。

关于信息不对称对资产价差影响的研究可追溯到科普兰和加莱（Copeland and Galai，1983）。该文以市场微观结构中的定价行为与价差的关系为角度，以结构模型为工具，进行了实证研究，其研究显示，即使在风险中性的条件下，只要市场上存在信息不对称，买卖价差就会存在。所以，达菲和兰多（2001）开始将非对称信息包括到企业债券信用风险定价之中。与传统的结构化信用风险定价模型不同，达菲和兰多（2001）认为，信息不对称会导致投资者对公司价值产生不同的理解，以至于对公司信用利差的期限结构产生不同的预期。余（2005）分析了债券的期限结构与财务信息质量的关系，并且发现，财务质量的高低与企业债券信用利差呈现负相关关系，信息质量越高，企业债券信用利差就越低。为了对信息不对称进行更精确的描述，很多研究对信息不对称的量化指标进行了研究。余（2005）分别运用美国投资者管理研究协会公布的 AIMR 指标（即会计信息披露质量指标）来解释信用利差，而国内从非对称信息角度对信用利差进行定量分析的文章较少。周宏等（2010）从信息不对称的角度对企业债券信用风险相关文献进行了评述。周宏等（2012）通过无形资产占总资产账面价值的比例等指标实证检验了企业债券发行者和投资者之间的信息不对称对企业债券信用利差的影响，结果发现，信息不对称程度与企业债券信用利差之间存在显著的正相关性。

从信用风险的结构化模型可以看出，当公司的资产下降到某个设定的阈值以下时，发债企业便会发生违约。在债券市场上，由于债券发行企业比投资者更清楚地了解自身经营状况以及现金流量，能够更好地评价自身的信用风险；债券投资者由于处于信息劣势地位，难以对发债企业的经营状况以及现金流量做出准确评估，因此，很难正确地预计企业的违约风险以及违约概率。由此投资者需要发债企业提供一个溢价来弥补其所承担的风险。非对称信息越高，投资者面临的信用风险就越大，所要求的信用利差就越大。据此，本节研究提出假设 H1：

H1：发债企业与投资者之间的信息不确定与企业债券信用利差呈正相关关系，信息不确定程度越高，企业债券信用利差就越大。

摩尔曼（Moerman，2005）运用二级市场中买卖价差作为发债企业非对称信息程度的衡量指标，通过研究发现，二级市场中买卖价差与债券的利率利差存在正相关关系，买卖价差与债券的期限呈正相关关系。廖等（2009）从交易量的波动中提取信息不对称的指标。他们发现，信息不对称不仅在银行信用评级起着重要的作用，还对结构模型信用风险评估有很大的影响。

在企业债券的二级市场上，交易者可以分为两种类型，即信息优势方（知情交易者）和信息劣势方（非知情交易者），信息优势方拥有更多的关于公司经营状况以及现金流量的私人信息（private information），信息优势方的交易目的是使其私人信息利益达到最大化。信息优势方拥有的私人信息会给信息劣势方带来额外的风险，而信用劣势方就会要求其持有的企业债券含有额外的信用风险溢价，即信用利差。从另一个角度来看，不同交易者对发债企业拥有不同的信息集，每个交易者基于自己的信息集会对企业的价值以及违约门槛产生不同的预期。当交易者之间的信息不对称程度越高时，交易者对公司未来价值预期的差别就越大，公司预期资产价值的波动性就越强，投资该公司的风险也就越大。这将导致投资者会采取更加保守的投资态度，致使债券信用利差增加。据此，本节研究提出假设 H2：

H2：投资者之间的非对称信息程度与企业债券信用利差呈正相关关系，信息不对称程度越高，企业债券信用利差就越大。

三、研究设计

（一）样本数据选择及变量定义

2004 年底，中国人民银行对企业债券的准入程序进行了简化，中国企业债券市场结构因此发生了一些重大变化。本节研究只使用 2004 年以后的债券市场数据，以排除市场结构变化对本节研究结果可能产生的影响。

本节研究样本为 2005～2017 年发行的企业债券，数据均来自 Wind 数据库以及国泰安数据库。本节研究删除了有政府担保的债券、集合企业债券、可赎回债券、可转换债券以及相关数据缺失的债券。删除这些数据主要是基于以下两个方面的考虑：首先，集合企业债券的发行主体相对特殊，难以对其财务特征进行描述。其次，可赎回债券、可转换债券的发行对象、发行目的与一般债券相比也呈现出较大的不同，若将其纳入分析体系会使结果缺乏解释力度。

（二）变量定义

为了衡量信息不确定，本节研究使用应计会计信息质量（AQ），公司年龄（CAGE）两个变量来衡量。AQ 高的企业表示企业愿意披露更透明的会计报告，因此，降低信息的不确定（Brennan et al.，1993；Dechow and Dichev，2002）。一个历史悠久的公司有更多的历史记录提供给市场，因此，在对公司价值进行估计时拥有较少的信息不确定（Hong et al.，2000）。发债企业与投资者之间信息不确定的形成主要是因为债券投资者处于信息的劣势地位，无法完全了解发债企业的经营状况与现金流量。本节研究借鉴德肖和迪切夫（Dechow and Dichev，2002）对非对称信息量化的方法，即用营运资本变动反映企业真实经营现金流量的程度来表示企业的应计会计信息质量，进而来反映企业的信息不确定。构建模型如下：

$$\frac{TCA_{j,t}}{Asset_{j,t-1}} = \beta_{0,j} + \beta_{1,j}\frac{CFO_{j,t-1}}{Asset_{j,t-1}} + \beta_{2,j}\frac{CFO_{j,t}}{Asset_{j,t-1}} + \beta_{3,j}\frac{CFO_{j,t+1}}{Asset_{j,t-1}}$$

$$+ \beta_{4,j} \frac{\Delta REV_{j,t}}{Asset_{j,t-1}} + \beta_{5,j} \frac{FA_{j,t}}{Asset_{j,t-1}} + V_{j,t} \tag{3-5}$$

其中，$TCA_{j,t} = \Delta CA_{jt} + \Delta CL_{jt} + \Delta Cash_{jt} + \Delta STDEBT_{jt}$

ΔCA_{jt} 为 j 公司在 t 和 t−1 年之间公司流动资产的变动；ΔCL_{jt} 为 j 公司在 t 和 t−1 年之间公司流动负债的变动；$\Delta Cash_{jt}$ 为 j 公司在 t 和 t−1 年之间公司货币资金的变动；$\Delta STDEBT_{jt}$ 为 j 公司在 t 和 t−1 年之间应付账款的变动、为 j 公司在 t 和 t−1 年之间营业收入的变动、为 j 公司在 t 年经营活动现金流量、为 j 公司在 t 年的固定资产数量。

通过构建回归模型，能够得出系数 $\beta_{0,j}$，$\beta_{1,j}$，$\beta_{2,j}$，$\beta_{3,j}$，$\beta_{4,j}$，$\beta_{5,j}$ 的估计值，使 $b_{0,j}$，$b_{1,j}$，$b_{2,j}$，$b_{3,j}$，$b_{4,j}$，$b_{5,j}$ 分别等于由回归方程（3−5）求出的 $\beta_{0,j}$，$\beta_{1,j}$，$\beta_{2,j}$，$\beta_{3,j}$，$\beta_{4,j}$，$\beta_{5,j}$ 值，从而计算出 V_{ij}，如下：

$$V_{j,t} = \frac{TCA_{j,t}}{Asset_{j,t-1}} - b_{0,j} + b_{1,j} \frac{CFO_{t-1}}{Asset_{j,t-1}} + b_{2,j} \frac{CFO_{j,t}}{Asset_{j,t-1}} + b_{3,j} \frac{CFO_{j,t+1}}{Asset_{j,t-1}}$$
$$+ b_{4,j} \frac{\Delta REV_{j,t}}{Asset_{j,t-1}} + b_{5,j} \frac{FA_{j,t}}{Asset_{j,t-1}} \tag{3-6}$$

得出 $V_{i,t}$ 后，进一步计算出

$$AQ_{i,t}： \quad AQ_{i,t} = \sigma(V_{i,t}) \tag{3-7}$$

计算出的残差 AQ 的标准差表示企业的应计会计信息质量，进而来代表企业的信息不确定程度。对于 t 公司的 AQ 值，应当反映 j 年度之前累计的会计信息质量，在式（3−5）和式（3−6）中，考虑到企业的资产规模会对残差的估计产生影响，因此，将其除以资产数量，达到去规模化的目的。某企业 AQ 值越大，其信息不确定程度就越高。

摩尔曼（2005）认为，投资者对信息看法的一致性程度与交易量呈反比关系，投资者对信息看法的一致性越高，交易量就越低。因此，本节研究以二级市场上的交易量来衡量二级市场上不同投资者之间的信息不对称程度。排除异常因素的影响，本节研究选取研究时点前后 10 天的平均交易量作为研究日的交易量；考虑到不同企业债券的规模因素，对交易量去规模化，并求其对数。

$$DIFFL_i = LOG \frac{\sum_{i-10}^{i+10} turnover}{21} \tag{3-8}$$

在式（3−8）中，$turnover_i$ 表示 i 日的交易量，考虑到企业债券换手率序列的不平稳，因此以 i 为研究时点，[i−10，i+10] 窗口期，以窗口期的平均值代表 i 日的交易量，并采取对数的形式。当 DIFF 值越大，信

息不对称程度就越高。具体变量定义如表 3 – 7 所示。

表 3 – 7　　　　　　　　　　主要变量选取说明表

变量类型		变量名称	变量含义
因变量		CS	债券的到期收益率与到期期限相同的国债到期收益率之差
解释变量	信息不确定	AQ	运用应计会计信息质量来衡量的信息非对称程度
		CAGE	公司存在年限 = 当年与公司成立年之差
	信息不对称	DIFF1	前后 10 天的平均交易量
		DIFF2	前后 5 天的平均交易量
控制变量		LEV	违约距离
		LFFL	债券到期的剩余年限
		COUPON	企业的票面利率
		LNUM	企业债券原始发行数量的对数
		RAT	信用评级
		AGE	企业债券已经发行的年限

CS_{it} 为第 t 期的信用利差，这是本节研究的因变量。具体计算方法为债券的到期收益率与期限相同的国债到期收益率之差。本节研究选取与企业债券相同发行时间、相同到期期限的国债的 t 年的到期收益率减去 t 年该企业债券的到期收益率来作为该企业债券第 t 期的信用利差，其中，所选用的国债数据包含 5 年、7 年、10 年、15 年、20 年的国债的到期收益率，如果有缺失某年国债的到期收益率，则采用插值法计算得出。

CAGE 为企业的存在时间年限，用于衡量信息不确定，其年限越长，信息不确定越小。

DIFF1 为前后 10 天去规模化后的平均交易量，DIFF1 值越大，信息不对称程度就越高。

LEV 为违约距离，这是本节研究的控制变量，科林 – 迪弗雷纳（2001）以及余（2005）的研究认为，违约距离 = 负债的账面价值/（负债的账面价值 + 权益的市场价值），但是本节的研究对象是企业债券，由于企业债券的发行方多为非上市公司，很难获得其权益的市场价值，因此，本节研究通过，违约距离 = 负债的账面价值/总资产，也就是企业的杠杆水平。通过信用风险的结构模型可以看出，当违约距离增大时，违约风险上升，信用利差增大，因此，违约距离与信用利差呈正相关关系。

LEFL 为债券到期的剩余年限，该变量为本节研究的控制变量，该变量包含信用利差的期限结构，一般来说，信用利差的期限结构是上扬的，根据和威治和特纳（Helwege and Turner, 1999）的研究，债券剩余到期时间越长，不确定因素就越大，发生违约的可能性就越大，因此，剩余年限与信用利差应当呈现正相关关系。

COUPON 代表票面利率，埃尔顿等（Elton et al. , 2001）认为，由于企业债券投资者必须为企业债券利息收入缴纳一定比例的税费，高票面利率的企业债券需要比低利率的企业债券缴纳更多的所得税，因此，投资者会对高票面利率的债券要求更高的溢价。在中国市场上，对个人投资者的利息收入征收 20% 的个人所得税，而对于机构投资者对利润总额征收 25% 的企业所得税，这与埃尔顿等（2001）一致。因此，当票面利率越高时，企业债券的信用利差就应当越大，两者呈现正相关关系。

LNUM 代表企业债券原始发行数量的对数，余（2005）认为，当债券发行数量越大时，企业债券的流动性越强，当债券的流动性增强时，投资者所要求的信用利差将会降低，因此，债券发行数量与信用利差呈现负相关关系。

RAT 代表信用评级，当信用评级越高时，企业违约的可能性就越小，信用利差就越低。因此，信用评级和信用利差呈现负相关关系。在本节研究选取的样本中，发行信用等级可以分为四类，即 AAA，AA +，AA，AA −。本节研究将信用评级转化为相应的评分，设 AAA 为 2，AA + 为 1.5，AA 为 1，AA − 为 0.5。

AGE 表示债券已经发行的年限。随着已发行年限的缩短，债券的流动性会增强，随着债券的流动性的增强，投资者要求的信用利差便会降低，因此，已发行年限与信用利差呈正相关关系。

四、实证分析

（一）信息不确定与信息不对称替代变量计算

（1）信息不确定 AQ 的量化结果。第一步，利用 2005 年 1 月 1 日~2017 年 12 月 31 日发行的企业债券数据与 2005~2017 年的年度公司财务数据，利用式（3-5），得到各个变量的系数估计值。估计结果如表 3-8 所示。

表 3 - 8   式（3 - 5）回归系数结果

变量	2006 年	2007 年	2008 年	2009 年	2010 年	2011 年
CONSTANT	- 1. 313 (0. 44)	- 6. 131 (0. 99)	1. 133 *** (0. 00)	- 1. 331 ** (0. 02)	5. 413 (0. 17)	0. 141 *** (0. 00)
CFO_{t-1}	- 0. 037 (0. 71)	0. 571 *** (0. 00)	0. 470 *** (0. 00)	0. 081 (0. 61)	0. 971 *** (0. 00)	- 0. 074 (0. 21)
CFO_t	- 0. 111 (0. 20)	- 0. 498 *** (0. 00)	0. 013 (0. 92)	- 0. 061 (0. 69)	- 0. 246 *** (0. 00)	0. 031 (0. 34)
CFO_{t+1}	0. 151 ** (0. 02)	- 0. 007 (0. 95)	- 0. 378 *** (0. 00)	- 0. 186 * (0. 05)	- 0. 113 ** (0. 03)	- 0. 127 (0. 24)
ΔREV_{t-1}	- 0. 092 *** (0. 00)	0. 376 *** (0. 00)	- 0. 002 (0. 54)	- 0. 014 (0. 22)	- 0. 031 (0. 31)	0. 197 *** (0. 00)
FA_{i-1}	- 0. 032 *** (0. 00)	- 0. 105 *** (0. 00)	- 0. 070 *** (0. 00)	0. 072 *** (0. 00)	- 0. 035 *** (0. 00)	- 0. 140 ** (0. 03)
变量	2012 年	2013 年	2014 年	2015 年	2016 年	2017 年
CONSTANT	- 1. 114 (0. 42)	- 7. 641 (0. 80)	1. 521 *** (0. 00)	- 1. 147 ** (0. 02)	5. 921 (0. 15)	0. 117 *** (0. 00)
CFO_{t-1}	- 0. 042 (0. 68)	0. 771 *** (0. 00)	0. 397 *** (0. 00)	0. 041 (0. 33)	0. 884 *** (0. 00)	- 0. 067 (0. 16)
CFO_t	- 0. 112 (0. 21)	- 0. 535 *** (0. 00)	0. 031 (0. 91)	- 0. 053 (0. 34)	- 0. 333 *** (0. 00)	0. 053 (0. 24)
CFO_{t+1}	0. 162 ** (0. 03)	- 0. 006 (0. 94)	- 0. 397 *** (0. 00)	- 0. 176 ** (0. 02)	- 0. 193 ** (0. 02)	- 0. 035 (0. 17)
ΔREV_{t-1}	- 0. 097 *** (0. 00)	0. 286 *** (0. 00)	- 0. 004 (0. 71)	- 0. 045 (0. 34)	- 0. 018 (0. 23)	0. 252 *** (0. 00)
FA_{i-1}	- 0. 033 *** (0. 00)	- 0. 105 *** (0. 00)	- 0. 070 *** (0. 00)	0. 067 *** (0. 00)	- 0. 035 *** (0. 00)	- 0. 153 ** (0. 03)

注：括号内为系数对应的 P 值，***、**、* 分别表示系数在 1%、5%、10% 的水平上显著。

第二步，通过表 3 - 8 的回归结果，得到各个变量 2006 ~ 2017 年的回归系数，再将回归系数代入式（3 - 6），得到 2006 ~ 2017 年的残差序列。残差的方差即为我们所求的信息不确定替代变量 AQ。

根据洪等（Hong et al.，2000）的研究结论，一个历史悠久的公司有更多的历史记录提供给市场，因此，在对公司价值进行估计时拥有较少的信息不确定。本节研究同时选择公司的存在年限（CAGE）作为信息不确定的替代变量。其计算公式为：CAGE = 公司存在年 − 公司注册年。

（2）信息不对称 DIFF 的量化结果。根据式（3 − 8），以 2017 年 12 月 31 日为研究日，采用交易量的数据对投资者之间的信息不对称程度进行量化，其信息不对称用 DIFF 表示。

（3）变量的描述性统计分析。表 3 − 9 中的 A 部分与 B 部分分别表示检验 H1 与 H2 的变量描述性统计。其债券信用利差均值分别为 2.23、2.33。信息不确定 AQ 的均值为 0.043，说明债券发行过程中存在信息不确定的情况。而信息不对称 DIFF1 均值为 5.32，说明投资者之间存在严重的信息不对称。其他变量大小无显著差别。

表 3 − 9　　　　　　　　　　　变量描述性统计分析

变量	个数	均值	标准差	最小值	最大值
Panel A：信息不确定组变量描述统计分析					
CS	1451	2.23	1.41	0.512	4.77
AQ	1451	0.043	0.037	0.009	0.862
LEV	1451	0.6234	0.167	0.222	1.651
LFFL	1451	6.99	3.56	2	26
COUPON	1451	5.45	1.121	3	9
lnUM	1451	18.3	12.87	0.22	107
RAT	1451	1.71	0.394	0.51	2
AGE	1451	2.77	2.02	1	10
Panel B：信息不对称组变量描述统计分析					
CS	1287	2.33	1.24	0.512	4.87
DIFF1	1287	5.32	3.23	0.131	10.23
LEV	1287	0.67	0.172	0.222	0.99
LFFL	1287	6.78	3.51	2	26
COUPON	1287	5.51	1.31	3.41	9
lnUM	1287	19.3	11.86	3	107
RAT	1287	1.76	0.451	0.61	2
AGE	1287	2.98	2.24	1	10

（二）回归分析

为了验证 H1 与 H2，实证检验发债企业与投资者之间的信息不确定与企业债券信用利差是否呈正相关关系，以及投资者之间的非对称信息程度与企业债券信用利差是否呈正相关关系。本节研究设立多元回归方程：

$$CS_{j,t} = \beta_0 + \beta_1 AQ_{it} + \beta_2 LEV_{it} + \beta_3 LEFL_{it} + \beta_4 COUPON_j + \beta_5 LNUM_i$$
$$+ \beta_6 RAT_i + \beta_7 AGE_i + u_{it} \qquad (3-9)$$

$$CS_{j,t} = \beta_0 + \beta_1 DIFF1_{it} + \beta_2 LEV_{it} + \beta_3 LEFL_{it} + \beta_4 COUPON_j + \beta_5 LNUM_i$$
$$+ \beta_6 RAT_i + \beta_7 AGE_i + u_{it} \qquad (3-10)$$

$$CS_{j,t} = \beta_0 + \beta_1 AQ_{it} + \beta_2 DIFF1_{it} + \beta_3 LEV_{it} + \beta_4 LEFL_{it} + \beta_5 COUPON_j$$
$$+ \beta_6 LNUM_i + \beta_7 RAT_i + \beta_8 AGE_i + u_{it} \qquad (3-11)$$

相应的回归结果如表 3 – 10 所示。

表 3 – 10　　　　　　　　　检验 **H1** 回归结果

变量	CS	CS	CS
CONSTANT	2.513 *** (5.87)	3.111 *** (5.77)	3.131 *** (5.97)
AQ	0.761 * (1.73)		0.514 ** (1.97)
DIFF1		0.134 *** (2.41)	0.111 *** (2.77)
LEV	-0.902 *** (-7.59)	-0.893 *** (-5.82)	-0.889 *** (-5.77)
LFFL	-0.006 *** (-2.99)	-0.004 (-1.50)	-0.004 (-1.51)
COUPON	0.347 *** (7.95)	0.246 *** (4.34)	0.246 *** (4.34)
LNUM	-0.058 *** (-7.87)	-0.060 *** (-6.79)	-0.059 *** (-6.53)
RAT	-0.492 ** (-2.45)	-0.535 ** (-2.03)	-0.532 ** (-2.02)
AGE	0.012 ** (2.11)	0.001 (0.02)	0.002 (0.22)

续表

变量	CS	CS	CS
YEAR	YES	YES	YES
样本数	1451	1287	1287
调整的 R^2	0.516	0.522	0.514
F	111.23***	89.21***	69.21***

注：括号内为系数对应的 t 值，***、**、* 分别表示系数在1%、5%、10%的水平上显著。

关于 H1 的检验：表3-10的第1列为式（3-9）的回归结果，调整后的 R^2 达到了0.516，且 F 检验在1%的水平上显著，这表明多元回归方程在整体上是显著的，整个回归方程较好地拟合了信用利差，并对信用利差有较高的解释力度。在相关性的检验中，发债企业与投资者之间的信息不确定水平指标 AQ 与信用利差 CS 呈正相关关系，且在1%的水平上显著，与此同时，由多元回归方程（3-9）的系数符号可得出相同的结论，且该系数在10%的水平上显著，即信息不确定程度越高，信用利差越大，由此 H1 得到验证。

通过相关性检验和多元回归方程分析可以看出，违约距离与信用利差负相关，与相关理论预期一致，但是这种相关关系并不显著。分析原因，很可能是由于目前我国发行的企业债券尚未出现违约的情况，企业债券的预期违约率与国际平均水平相比较低，投资者对于发债企业信用风险的预警意识尚不强烈，致使我国信用利差可能更多地受到了供给和需求的影响，而并非企业的预期违约状况。

理论上，企业债券的剩余期限越长，发债企业资产的不确定性越强，违约风险越大，信用利差应当越高，即债券的剩余期限与信用利差存在正相关性。但是，本节研究的实证检验结果却相反，即本节研究发现，债券的剩余年限与信用利差负相关，且在5%的水平上显著。

对于本节研究的实证结果与理论预期不一致，本节研究结合中国宏观经济环境以及发债市场实际，对其解释如下：投资者对中国经济未来相当乐观，相信中国经济将持续高速增长，因而更愿意购买长期债券。这导致长期债券的价格上涨，信用利差下降。债券的剩余年限与信用利差因而呈现负相关关系。一些学者对中国经济前景的预测支持了这一解释。林毅夫认为，即使在外部环境相对不好的状况下，中国经济在未来20年仍可能保持8%的高速增长①。方烨、胡鞍钢认为，未来20年中国经济仍将保持高速增长②。楚树龙预测，中国经济还可高速发展20～30年③。

企业债券的票面利率与信用利差正相关，并且在1%的水平上显著。根据理论分析，有较高票面利率的企业债券将会比低利率的企业债券缴纳更多的所得税，因此，投资者将会对较高票面利率的债券要求更高的溢价。实证检验结果与理论分析一致，且通过相关性检验可以看出，票面利率与信用评级呈现正相关关系，相关度较高，且在1%的水平上显著，由此可见，票面利率与信用评级的作用类似，票面利率对企业债券的信用等级有标识作用，即票面利率越大，信用利差就越高。

债券的发行规模对信用利差有负的影响，但是该控制变量并不显著，在相关性检验中，两者甚至呈现正相关关系，这与理论预期并不相符，从流动性的角度来看，债券的发行规模越大，对其感兴趣的投资者就越多，因此，其流动性越强，进而信用利差就越低。由此可见，我国的企业债券信用利差并没有体现出对流动性不足的补偿。探究其中原因，这很可能是由于我国企业债券市场还不发达，企业债券发行量还不够大，投资者结构尚不合理，因而造成了信用利差并未体现对流动性风险的补偿。

债券的信用评级与信用利差负相关，且在1%的水平上显著，即当企业债券的信用等级越高，其信用利差就越低，这也是符合预期的，当信用等级上升时，其投资风险就下降，投资者要求的回报率就会降低。

企业债券的已发行年限与信用利差呈正相关关系，并且在5%的水平上显著。说明发行年限越短，债券的流动性越强，随着债券的流动性增强，投资者要求的信用利差将会降低，因此，已发行年限与信用利差呈正相关关系，通过实证检验可以看到，已发行年限与信用利差确实为正相关关系。

关于H2的检验：由表3-10的第2列回归方程（3-10）的结果可以得到，调整后的 R^2 达到了0.522，F检验在1%的水平上显著，这表明模型在整体上是显著的，整个回归方程较好地拟合了信用利差，对信用利

---

① 林毅夫：《展望未来20年中国经济发展格局》，北京大学国家发展研究院网，2012年2月10日。

② 方烨、胡鞍钢：《未来20年中国经济仍将保持高速增长》，中国经济网，2013年8月12日。

③ 楚树龙：《上升中的中国国力与国际地位与作用》，清华大学国际战略与发展研究所网，2009年7月17日。

差有较高的解释度。并且投资者之间的信息不对称水平指标 DIFF1 与信用利差呈正相关关系，即投资者之间非对称信息程度越高，信用利差越大，与此同时，该结论在 1% 的水平上显著；在相关性检验中，两者也呈现显著的正相关关系，由此 H2 得到验证。其他控制变量的符号与前回归方程均一致，可用上述原因进行解释，在此不再重复。

由于信息不确定与信息不对称是同时存在的，因此表 3 – 10 的第三列的结果表明信息不确定与信息不对称同时存在时，两者对债券信用利差的影响关系仍然满足 H1 与 H2。

(三) 稳健性检验

(1) 分信用等级进行稳健性检验。为了对结果进行稳健性检验，本部分以信用评级为标准，将样本分为两类：第一类为信用评级为 AAA 的企业债券，本节研究称其为高信用等级的企业债券；第二类为信用评级非 AAA 的企业债券，本节研究称其为低信用等级的企业债券。假如债券为 AAA 高信用等级，虚拟变量 D = 1，反之 D = 0。这一部分将针对 AQ 分别对这两类的企业债券进行多元回归。回归结果如表 3 – 11 所示。

表 3 – 11　　　　　　　　　　　不同信用评级多元回归结果

	CS	CS
CONSTANT	2.134 *** (2.99)	2.541 *** (3.78)
D	-0.541 ** (-2.32)	-0.981 *** (-3.78)
AQ	1.231 * (1.68)	
AQ × D	-0.761 (-0.33)	
DIFF1		0.053 *** (2.71)
DIFF1 × D		0.051 (1.22)
LEV	-0.513 ** (-2.31)	-0.451 (-1.51)

续表

	CS	CS
LFFL	-0.061^{***} (-3.11)	-0.031^{***} (-2.97)
COUPON	0.297^{***} (3.31)	0.198^{***} (3.81)
LNUM	-0.004^{***} (-2.51)	-0.002 (-1.13)
RAT	-0.311^{**} (-2.23)	-0.131 (-0.51)
AGE	0.051^{***} (2.91)	0.029^{*} (1.79)
样本数	1451	1287
F 值	114.22^{***}	108.11^{***}
调整的 R^2	0.513	0.525

注：括号内为系数对应的 t 值，***、**、* 分别表示系数在 1%、5%、10% 的水平上显著。

在表 3 – 11 中，AQ 系数表示在低信用等级下 AQ 对债券信用利差的影响，AQ 系数与 AQ×D 系数和表示在高信用等级下 AQ 对债券信用利差的影响。从第 1 列回归结果可见，AQ 系数为 1.231，且在 10% 的水平上显著异于 0，说明在低信用等级下，信息不确定程度越大，债券信用利差越大，即信息不确定程度每增加 1 单位，债券信用利差增加 1.231 个单位。然而，AQ×D 系数为负但不显著，说明在高信用等级下，信息不确定 AQ 的系数仍为 1.014，所以，对于信息不确定对债券信用利差的作用不随着债券信用等级的变化而变化。同时，第 2 列回归结果显示在不同的信用等级下，信息不对称 DIFF1 与债券信用利差的关系结果与第 1 列系数符号、显著性一致，从而得到在整体上，本节的主要结论是稳健的，而在其他控制变量上，与表 3 – 10 回归结果一致。

（2）其他稳健性检验。对于信息不确定指标，本节研究采用公司年龄（CAGE）作为替代变量进行稳健性检验；对于信息不对称指标（DIFF2）选用事件日前后 5 日的交易量作为平均交易量，进行稳健性检验，回归结果如表 3 – 12 所示。

表3-12   稳健性检验结果

	CS	CS
CONSTANT	3. 198 *** (6. 24)	3. 451 *** (5. 11)
CAGE	0. 135 ** (2. 44)	
DIFF2		0. 063 *** (3. 63)
LEV	- 0. 581 ** (- 2. 44)	- 0. 511 ** (- 2. 31)
LFFL	- 0. 067 *** (- 5. 14)	- 0. 071 *** (- 4. 41)
COUPON	0. 389 *** (4. 91)	0. 241 *** (3. 11)
LNUM	- 0. 005 *** (- 2. 91)	- 0. 001 (- 0. 23)
RAT	- 0. 941 *** (- 4. 71)	- 1. 103 *** (- 3. 13)
AGE	0. 029 ** (2. 11)	0. 002 (0. 07)
样本数	1081	761
调整的 R^2	0. 511	0. 533
F	122. 33 ***	89. 31 ***

注：括号内为系数对应的 t 值，***、**、* 分别表示系数在 1%、5%、10% 的水平上显著。

五、结论

达菲和兰多（2001）在考虑不完全的会计信息影响的情况下，对传统的信用风险结构模型进行改进。尽管如此，不完全的会计信息并不是造成企业价值不确定的唯一原因，非会计信息的不确定与信息不对称也是影响企业价值不确定的原因，企业价值错误估计将增加债务持有人的信用风险，从而影响债券的信用利差。本节利用 2005 ~ 2017 年中国企业存在显著的正相关关系。即无论是信息的不确定或信息不对称性较高时，债券的投资者都会收取高风险溢价。在控制债券信用等级以及使用其他替代变量的情况下，该结果具有稳健性。本节的研究结果还表明，非会计相关信息的不确定的代理变量以及信息不对称代理变量是影响债券信用利差的重要因素。最后，信息不确定和信息不对称能够帮助传统结构模型解释债券的信用利差。

本节的研究结论表明，二级市场上投资者与投资者之间也存在信息不对称，并且能够影响债券定价。因此，为了更好地保护投资者，监管部门在加强企业债券信息披露监管的同时，也应该强化对投资者信息披露的监管。

第四章

公司治理、企业社会
责任与企业债券信用风险

良好的公司治理有助于改善企业的业绩，并有助于控制风险。为了进一步控制企业债券的信用风险，本章实证检验上市公司的公司治理结构与债券信用利差之间的关系。并在此基础上，进一步实证检验了企业社会责任与债务融资成本之间的关系。最后，本章验证了企业社会责任与债券信用风险关系的影响机制。

第一节 公司治理与企业债券信用风险

一、引言

债券发行方的违约风险是影响债券市场发展的一个重要因素，债券发行方的违约不仅会损害投资者的利益，而且可能导致系统性风险。公司治理作为一种保护投资者利益和帮助企业降低资本成本的有效机制而被广泛接受。研究企业治理与企业债券信用利差之间的关系，有助于降低企业资本成本、促进债券市场的完善。

关于影响企业违约风险的因素，已经存在了大量的研究（Merton，1974）。公司治理与债务成本之间的关系也受到了学者们的关注（Bhojraj and Sengupta，2003；Cremers et al.，2007；Klock et al.，2005），但是几乎所有现有的关于公司治理和公司债券信用利差的研究都是在发达国家的背景下进行的。另外，虽然一些研究已经研究了信息不对称和企业债券的信用利差的关系（Lu et al.，2010），但仍未有学者探索公司治理对信用利差的影响机制。

本节研究的目的是，在我国的市场与经济体制环境下，探讨公司治理对信用利差的影响；并在公司治理对信用利差存在显著性影响的情况下，探讨公司治理影响信用利差的途径。因为以下原因，我国上市公司的公司治理与债券信用利差之间的关系这一问题尤其值得研究。一方面，在我国的企业治理和公司债券信用利差的关系上，很少有研究项目；另一方面，该问题应该进行深入研究，其原因如下：第一，"法律和金融"（law and finance）派（La Porta et al.，1997，1998，2000）认为，法治越健全，企业越可能进行外部融资，股市与债券市场也就越发达（e. g.，La Porta et al.，1998）。虽然法治建设已成为中国政府的首要任务，在过去的几十年里，我国确实颁布了大量的法律，但许多评论者仍怀疑中国是否存在真正的法治（Jenner，1994）。因此，值得研究的是，在缺乏真正受法律监管的资本市场的情况下，民营企业如何能通过良好的公司治理来降低资本成本。第二，在美国等发达国家，信用评级公司对上市公司及其所发债券的信用评级已经成为投资者赖以评估债券风险的重要依据之一（White，2010）。在我国，虽然一些本土信用评级公司已经确立了他们在国内信用评级行业中的地位，但投资者对其评级的权威性并不完全认同（Kennedy，2008）。第三，作为一个转轨经济体，我国仍然存在国有企业与民营企业的区别，影响企业债券信用利差的因素可能会因为企业控股股东性质的不同而存在差异。因此，在我国资本市场的法治建设尚不健全、信用评级的权威性比较低的情况下，研究公司治理等因素对不同类型企业债券信用利差的影响可以更好地了解中国债券市场的投资者行为，从而帮助企业降低债券信用利差，降低债券融资的资本成本。

本节对我国 2008～2016 年发行的公司债券，采用计量经济学方法如中介效应模型检验了公司治理和公司债券信用利差之间的关系。本节研究发现，一般来说，公司治理质量与企业债券信用利差之间都存在显著的负相关性，即良好的公司治理能够降低信用利差。这种效应在民营企业中比在国有企业中更强，公司治理在信息不对称方面的缓释效应比国有企业更大。我们还发现，公司治理可以通过改善企业财务业绩和减少企业和投资者之间的信息不对称来降低信用利差。也就是说，公司业绩和信息不对称都是公司治理和信用利差之间的中介变量。进一步检验表明，在国有企业中财务业绩的中介效应和信息不对称与在民营企业中不同。在国有企业中，公司治理对信用利差的影响是通过公司业绩和信息不对称两个中介变量施加的影响；而在民营企业中，这些影响只是部分地通过这两个中介变量来施加的。这项研究的结果有助于理解在我国企业债券市场如何对企业债券进行定价，从而帮助我国企业降低信用利差和债务成本。

本节的研究丰富了公司治理与企业债券信用利差之间的关系。第一，对我国的该问题进行了研究。作为一个主要的发展中国家，我国的市场和制度环境与发达国家有着显著区别。第二，虽然一些现有的研究调查了公司治理对信用利差的直接影响，但本节研究提出公司治理也可能对信用利差产生间接影响。本节研究使用中介效应模型，有助于厘清公司治理、公司财务绩效、信息不对称和信用利差之间的关系，从而确定公司治理影响信用利差的机制。第三，本节的研究通过检验公司治理对国有与非国有企业信用利差的影响机制的区别，为学术研究和实践政策提供了不同的视角。

本节其他部分安排如下，第二部分通过回顾文献，提出本节将对之进行检验的假设；第三部分介绍本节的数据，以及计量模型；第四部分为本节的实证研究结果；第五部分为稳定性检验；第六部分为本节研究的结论。

二、制度背景、文献回顾与研究假设

（一）制度背景

（1）中国债券市场的发展和管理。随着 1981 年恢复国债的发行，我国重新建立了国内债券市场。为了降低发债公司的违约风险，对债券的发行，我国监管部门一直实行审批/核准制，即监管部门对发债申请进行实质性审查。金融机构、上市公司与非上市公司的发债申请分别由中国人民银行、中国证监会与国家发改委负责审查。

我国的《证券法》《上市公司证券发行管理办法》《公司债券发行试点办法》（以下简称《试点办法》）等法律法规设立了监管机构进行实质性审查的标准与依据。为了保护债券投资者免遭发债公司违约的损失，上述审核标准规定，申请发债的公司应该具有良好的财务状况、完善的内部控制制度，合理的负债率，良好的信用评级，以及良好的合规记录。例如，《试点办法》第七条规定，公司内部控制制度健全，内部控制制度的完整性、合理性、有效性不存在重大缺陷。第八条规定，存在其他重大违法行为的公司，不得发行债券。

迄今为止，我国国内债券市场很少发生债券违约。然而，我国债券市场的"零违约"记录很可能在不远的将来被打破。其原因在于，我国国内经济发生了一系列的变化，首先，我国经济增长率不可避免地下降与我国经济转型可能导致企业财务状况出现恶化（至少短期内会出现恶化）。其次，我国金融业与金融市场的改革开放（例如，利率市场化）可能导致我国的公司面临许多新的风险。最后，政府对市场干预的减少意味着企业（特别是国有企业）正在陷入财务困境中，难以得到政府援助。事实上，2016年，我国多达35个企业（包括一个央企）在79个不同债券上出现了违约。

（2）中国的公司治理框架。我国监管机构非常重视公司治理，将公司治理视为降低发债企业违约风险与投资者保护的重要机制。首先，我国的《公司法》设置了公司治理的基本框架。除此之外，我国的监管部门在过去的数十年中颁布并实施了一系列关于公司治理的法规与管理办法。例如，证监会于2001年与2002年先后颁布并实施了《关于在上市公司建立独立董事制度的指导意见》（以下简称《指导意见》）与《上市公司治理准则》。2013年，银监会发布了《商业银行公司治理指引》，以作为商业银行公司治理的指南。

其次，我国的监管部门将一些公司治理机制作为强制性要求确立下来，而在很多发达国家，这些要求只是自愿性的。例如，我国《公司法》的第123条规定，"上市公司设立独立董事"，《指导意见》规定，上市公司的董事会中，独立董事所占的比例不得低于董事成员总数的1/3。

尽管公司治理的法律框架适用于我国所有的上市公司，但实际上，对于国有企业与民营企业来说，公司治理的框架存在两方面的关键区别。第一，在管理层到底对谁负责这一问题上，国有企业与民营企业存在不同。大量研究（Zhang，2013）表明，国有企业的基本特征是"一股独大"，即在公司的股权结构中，国有股占主宰地位。在上市国有企业中，政府持有的股份比例常常超过50%，因此，在公司决策中，国有股起主宰作用。结果就是，上市国有企业的高管事实上是政府或者党组织任命的，而不是董事会聘任的。相应，高管们对政府负责，而不是对股东负责。第二，上市国有企业的管理层通常很少持有本公司的股份。利用 Wind 数据，本节的研究表明，自2008年以来，6020个上市国有企业董事会成员持股情况为持股中位数，为0，而同期8192个民营企业董事会成员持股的中位数为2.1%[①]。因此，在国有企业中，管理层与股东利益不一致的情况可能更为严重。

（二）文献综述

一些研究发现，公司治理水平越高，债权资本成本也越高（Chava et

---

al., 2009; Klock et al., 2005)。克劳克等（Klock et al., 2005）发现，公司章程中的反收购条款越有效，债权融资的成本越低；换句话说，公司治理结构对股东越不利，公司的债权融资成本越低。利用冈珀斯等（Gompers et al., 2003）的 G-index 作为反收购代理指标，查瓦（Chava, 2009）发现，公司治理结构中的反收购强度与银行贷款成本之间存在显著性负相关：与反恶意收购强度最高的公司相比，反收购强度最低的企业的银行贷款成本平均要高25%。对这一结果的解释之一是，公司治理水平越高，公司治理结构对股东越有利，公司的负债率很可能就更高，陷入财务困境的可能性也就越大，债券投资者因而要求更高的风险溢价；解释之二是，公司治理结构比较差的企业，公司被收购与管理层因此被解雇的可能性更低。因为不用担心披露真实信息可能导致的后果，管理层更愿意披露高质量的会计信息（Song and Thakor, 2006）。

但是，有研究得出了完全相反的结论。例如，舒亚雷斯（Suarez, 2003）与波杰拉和森古普塔（Bhojraj and Sengupta, 2003）认为，公司治理可以降低债权资本的代理成本。还有研究表明，良好的公司治理能够加强企业的信息披露程度，减小企业与投资者之间的信息不对称，使得企业债券信用利差降低。在公司治理与信息不对称的研究方面，科米尔等（Cormier et al., 2010）发现公司治理的披露有助于减轻管理者和投资者之间的信息不对称。卡那盖尔特南等（Kanagaretnam et al., 2007）也发现公司治理质量可以降低管理者和投资者之间的信息不对称。波杰拉和森古普塔（2003）发现公司治理可以通过降低违约风险来降低债务融资成本，因为公司治理可以通过减少信息不对称来减少代理问题。

（三）研究假设

（1）H1 及理论分析。本节研究提出 H1 及其理论分析如下：

H1：公司治理的质量与企业债券信用利差之间存在负相关性。

虽然有研究认为，公司治理与公司价值之间不存在关系（Core et al., 1999），但大量研究认为，良好的公司治理可以改善公司的业绩并提高公司的价值（Gompers et al., 2003; Cremers and Nair, 2005; Brown and Caylor, 2006）。李维安和张国萍（2005）与白重恩等（2005）对我国上市公司的研究也得出了与上述类似的结论，即公司治理水平的改善有利于治理绩效的提高，公司的市场价值会愈高。

现有研究（Merton, 1974; 周宏等, 2012）已经指出良好的公司治理通过以下机制会帮助减少公司债券的信用利差：

首先，正如默顿（1974）指出的，企业的资产回报率（ROA）与公司债券的信用利差负相关。根据传统的金融理论，通过管理对自身利益的约束，调整管理者与股东的利益，并激励管理者提高绩效，好的公司治理能通过最小化委托代理问题来帮助提高公司的价值。良好的公司治理可以通过减少与代理问题相关的成本，改善公司的财务业绩，从而导致更高的ROA。

其次，企业和投资者之间的信息不对称可能导致更高的风险。对债券投资者来说能增加公司债券的信用利差（周宏等，2012）。达菲和兰多（2001）认为，在投资者只能依靠不完善的会计信息来评估企业价值的情况下，企业债券的信用利差会更高；余（2005）对达菲和兰多的观点进行了实证检验，并予以了证实，即企业披露的会计信息质量越高，信用利差越低。陆、陈和廖（2010）实证检验了公司管理层和债券投资者之间的信息不对称对信用利差有显著的影响，研究发现良好的公司治理通常有较好的信息披露，从而降低了公司和投资者之间信息不对称的程度。

最后，根据传统的金融理论，公司的价值就是未来现金流的贴现值。因此，企业债券的信用风险直接与发行人的财务业绩及其价值有关。良好的公司治理可以减少公司未来收入的不确定性，从而降低公司价值的波动性。默顿（1974）的一个假设是，当公司价值低于阈值时，违约就会发生。博德曼和瓦伊宁（1992）研究了公司价值对公司债券信用风险的影响，发现信用利差对公司的价值的波动性高度敏感。

根据上述发现，可以得出推论：公司治理可以通过影响公司财务绩效或信息不对称来影响公司债券的信用利差。

我国上市公司的公司治理机制与发达国家具有明显差异。例如，在美国，反恶意收购措施，如"毒丸计划"可以保护公司的管理层，不会失去自己的职位（Pearce and Robinson，2004）。管理层因而可能愿意让公司承担更多的发债，而这可能导致公司风险的增加与信用利差的升高。但是，我国并不存在活跃的恶意收购市场，在我国国内资本市场中，几乎从来没有发生过恶意收购；恶意收购作为外部公司治理机制的作用在我国几乎不存在；在公司章程中，也没有反收购条款。基于此，公司治理越强，债券信用利差越大的结论在我国可能并不成立。另外，公司治理越强，公司信息披露质量越高，企业业绩越好，进而债券信用利差越小的结论可能更符合我国市场的实际。

（2）H2 及理论分析。第二个假设和假设的理论分析如下：

H2：对不同性质的企业（上市公司是国有企业还是民营企业），公司治理对企业债券的信用利差有不同的影响。具体来说，民营企业的公司治理对信用利差的负面影响比国有企业更强。

以往的理论分析和实证研究发现，在国有企业中，公司治理的有效性要比在民营企业低很多。阿尔奇安（Alchian，1965）注意到国有企业的公司治理效率低下有两个原因：第一，国有企业的可交易所有权通常比民营企业更分散，因此，在国有企业中，代理问题要严重得多；第二，国有企业通常受到的约束要少得多。博德曼和瓦伊宁（1992）发现民营企业的经理们受制于更多市场化的约束，包括高度竞争的劳动力市场和受到以利润最大化为主旨的股东的监督。

如上所述，在中国，国有企业的公司治理实际框架从本质上来说与民营企业不同。这表明，中国国有企业的公司治理对激励和约束管理者的效率可能要低得多。这个观点在中国被众多研究所支持（胡一帆等，2005）。例如，胡一帆等（2005）发现，虽然国有企业的公司治理比民营企业更有助于提高全要素生产率（TFP）和财务绩效，但实际上，国有企业的公司治理并不比民营企业有效。

三、研究设计

（一）样本选择

本节的研究期间为 2008～2016 年，之所以选择 2008 年作为研究的起点，是因为中国的债券市场还不发达，直到 2007 年 8 月 14 日中国证监会正式颁布实施《企业债券发行试点办法》。

本节研究的数据主要来源于 Wind 数据库，缺失数据通过中国债券信息网进行搜集和补充。利息率的数据运用一年期国债的无风险利率，国债的利息率数据同样来源于 Wind 数据库。公司业绩与公司治理数据主要来源于 CSMAR 数据库，缺失的数据从 CCER 数据库进行补充。如果一家公司同时发行几种债券，本节研究就随机地选择此公司发行的一种债券，从而减少重复数据的潜在影响。去除不符合本节债券选择标准的样本后，样本为 998 个上市公司债券。表 4-1 的 Panel A 列示了样本的构成，Panel B 显示了在不同行业和年份的观测分布。

表4-1 样本描述

Panel A：样本构成

	样本量
2008~2016年债券存续总量	25153
减去：非上市公司发行的债券	(22688)
上市公司代码缺失的样本	(922)
存在缺失信息的债券	(61)
由同一家公司发行的债券	(484)
剩余样本	998

Panel B：不同行业和年份的观测分布

Industries	2008年	2009年	2010年	2011年	2012年	2013年	2014年	2015年	2016年	Total
A	0	0	0	0	0	0	2	2	3	7
B	0	0	0	1	5	9	10	15	21	61
C	0	0	1	18	32	51	69	91	156	418
D	2	2	2	6	11	14	19	22	32	110
E	1	1	2	2	3	8	8	13	21	59
F	0	0	0	2	6	9	12	18	26	73
G	0	0	0	1	2	2	3	9	22	39
H	0	0	0	0	3	7	8	13	20	51
J	0	0	0	0	0	0	0	2	5	7
K	1	1	1	1	1	1	10	42	57	115
M	0	0	0	0	0	1	6	8	14	29
Total	0	0	0	0	0	0	0	2	6	8

注：行业分类采用中国证监会的行业规范。

（二）研究框架

本节研究试图回答以下三个问题：首先，公司治理是否影响公司债券的信用利差。其次，如果公司治理影响公司债券的信用利差，那么，它是通过什么途径影响债券信用利差的。最后，本节研究检验对国有企业与民营企业两种不同类型的公司，公司治理与信息不对称对公司债券的信用利差是否有不同的影响。具体研究结构如下。

第一，为了检验公司治理是否影响公司债券的信用利差，本节研究借鉴余（2005）的思想，构建基本模型（4-1）如下：

$$CreditSpread_{it} = \alpha + \beta_1 CorpGov_{it} + \beta_2 Perform_{it} + \beta_3 InfoAsym_{it}$$
$$+ CONTROL + \varepsilon_{1i} \tag{4-1}$$

其中，CONTROL 为控制变量，包括公司财务杠杆及企业的自由现金流，等等。变量 Perform 用于衡量企业财务绩效，主要包括 ROA、ROE 和 TOBINQ 三个变量。

第二，本节研究构建基本模型（4-2）检验假设2，其中 D 是一个虚拟变量，如果债券的发行方是国有企业就赋值为1，否则为0，变量 Perform 主要包括 ROA、ROE 和 TOBINQ 三个变量。

$$\text{CreditSpread}_{it} = \alpha + \beta_1 \text{CorpGov}_{it} + \beta_2 \text{Perform}_{it} + \beta_3 \text{InfoAsym}_{it}$$
$$+ \beta_4 D + \beta_5 \text{CorpGov} \times D + \text{CONTROL} + \varepsilon_{1i} \qquad (4-2)$$

第三，为了检验公司治理如何影响债券的信用利差，本节研究采用路径分析（多重中介模型）。路径分析的优势在于：它可以容纳多环节的因果结构，通过路径图把这些因果关系很清楚地表示出来，据此进行更深层次的分析（例如，比较各种因素之间的相对重要程度，计算变量与变量之间的直接影响与间接影响）。公司治理可能直接影响债券信用利差，也可能通过影响公司治理与公司和投资者之间的信息不对称而间接影响信用利差。

第四，中介效应模型被运用于经济与金融领域的许多研究领域。例如，陈艳莹与王二龙（2013）运用制造企业演化作为中间变量，研究了要素市场的扭曲对全要素生产率的影响。陈东与刘金东（2013）将农村居民的可支配收入作为中间变量，用来检验农村信贷对农村居民消费的影响。朱焱和张孟昌（2013）研究了管理团队人力资本与企业绩效的关系，运用企业研发投入作为中间变量。

借鉴朱焱和张孟昌（2013）的研究，本节研究构建中介效应模型方程组如下：

$$\text{CreditSpread}_{it} = \alpha + \beta_1 \text{CorpGov}_{it} + \text{Controls} + \varepsilon_{1i} \qquad (4-3)$$
$$\text{Perform}_{it} = \alpha + \beta_2 \text{CorpGov}_{it} + \text{Controls} + \varepsilon_{2i} \qquad (4-4)$$
$$\text{InfoAsym}_{it} = \alpha + \beta_3 \text{CorpGov}_{it} + \text{Controls} + \varepsilon_{3i} \qquad (4-5)$$
$$\text{CreditSpread}_{it} = \alpha + \beta_4 \text{CorpGov}_{it} + \beta_5 \text{Perform}_{it} + \beta_6 \text{InfoAsym}_{it} + \text{Controls} + \varepsilon_{1i}$$
$$(4-6)$$

在式（4-3）~ 式（4-6）中，公司治理（CorpGov）为外生变量，它不受模型中其他变量的影响。信用利差（CreditSpread）为最终结果变量，它影响其他变量。Perform 和 InfoAsym 是中间变量，这意味着它们能对信用利差产生影响，但同时可能受公司治理的影响。式（4-3）~ 式（4-6）基于公司业绩与信息不对称彼此独立的假设，他们之间的相关性列示在表4-2中。

表 4 - 2　　　　　　主要变量之间的相关系数

变量	CreditSpread	ROE	ROA	TobinQ	CorpGov	InfoAsym	lnTotalAsset	LeverageRatio	BondMaturity	CashToAsset
CreditSpread	1									
ROE	-0.186***	1								
ROA	-0.199***	0.838***	1							
TobinQ	-0.141**	0.303***	0.31***	1						
CorpGov	-0.171**	0.211***	0.134***	0.892**	1					
InfoAsym	0.093*	-0.048	-0.032	-0.042	-0.233***	1				
lnTotalAsset	-0.373***	0.152***	0.111**	0.297***	0.233***	-0.033	1			
LeverageRatio	0.07**	-0.06*	-0.341***	-0.711*	-0.098**	-0.06*	0.474***	1		
BondMaturity	-0.193***	-0.069***	-0.062***	-0.095***	0.033	-0.029	0.382***	0.156***	1	
CashToAsset	0.026	0.106***	0.116***	0.134*	-0.211***	-0.096*	-0.211***	-0.231***	-0.010***	1

注：***、**、*表示在1%、5%、10%的水平上显著。

从表4-2可以看出，在 ROA 和 InfoAsym、ROE 与 InfoAsym 及 TobinQ 和 InfoAsym 的相关系数均不显著，因此，我们认为，上述假设基本上是满足的。

根据巴伦和肯尼（Barron and Kenny, 1986）的研究，本节研究按照以下步骤检验中间变量的间接作用是否具有统计显著性：第一步，根据式（4-3），用债券信用利差（CreditSpread）对外生变量（CorpGov）进行回归检验二者是否显著相关，如果发现二者显著相关，第二步用来检验二者是直接相关还是间接相关。第二步，根据式（4-4）与式（4-5），用中间变量（比如 ROA、ROE、TOBINQ、InfoAsym）对外生变量（CorpGov）以及控制变量进行回归；如果解释变量的系数在两个回归方程中均显著，说明解释变量（CorpGov）与中间变量显著相关。第三步，根据式（4-6），债券信用利差（CreditSpread）对所有的变量回归，如果中间变量的系数显著，意味着中间变量对因变量有解释力度。并且如果式（4-3）中的公司治理（CorpGov）的系数大于式（4-6）中公司治理（CorpGov）的系数，说明公司治理（CorpGov）直接或间接地通过中间变量影响债券信用利差（CreditSpread）。如果式（4-6）中的公司治理（CreditSpread）的系数不显著，而中间变量的系数显著，说明公司治理直接对债券信用利差产生影响，而不是通过中间变量产生影响的。

需要注意的是，如果式（4-4）~式（4-6）的系数均不显著，说明中间变量不影响因变量，即公司治理直接影响债券信用利差。

（三）变量与单变量分析

（1）债券信用利差（Creditspread）。债券信用利差定义为债券的到期收益率与剩余期限相同国债到期收益率之差。

（2）信息不对称代理（InfoAsym）。借鉴米格尔和平达多（2001）的思想，本节研究以无形资产占发债企业账面总资产的比例来衡量企业债券发行者与投资者之间信息不对称程度。米格尔和平达多（2001）认为，对于拥有较多无形资产的公司，其经理具有更多的信息优势，因为无形资产价值更具有公司特征，且无形资产通常代表未来投资机会的自由度，对外部投资者来说，无形资产比有形资产更不易被评估。因此，无形资产比重比较高的公司，公司与投资者之间信息不对称程度更严重。

（3）公司治理。本节研究基于现有文献，选择八个公司治理变量，并采用主成分分析法，构建公司治理质量综合评价指数（CorpGov），其值越大则表明公司治理质量越高。八个公司治理变量如下：第一，董事长与总经理职务分离（CeoNotPresident）。代理理论认为，董事长和总经理两职合一会削弱董事会的监督功能，这将导致较差的公司业绩与较低的公司透明度（Forker，1992；Ho and Wong，2001；Molz，1988）。第二，独立董事比例（IndDirectRatio）。许多文献表明，独立董事在董事会中的比例越高，公司越倾向于更大程度地自愿披露信息（Fama and Jensen，1983；Forker，1992；Leftwich et al.，1981）。第三，董事会持股比例（ShareDirctors）与高管持股比例（ShareManager）。由委托代理理论，较高的董事会持股比例与较高的管理层持股比例能使得管理者与投资者的利益相一致。第四，第一大股东持股比例（ShareContHolder）。股权高度集中有利于解决股权分散所带来的"搭便车"问题，激励股东更好地监督公司的运营（Shleifer and Vishny，1986）。第五，董事会（DirectorNumb）和监事会规模（SupervisorNumb）。第六，前三位高管的薪酬之和（ManagerComp）。

（4）公司业绩与公司价值。本节研究以 ROE、ROA 与 TOBINQ 衡量公司业绩与公司价值。

（5）控制变量包括两部分，公司层面与债券层面。其中，公司层面包括财务杠杆（LeverageRatio，负债与总资产的比）与企业的自由现金流（CashToAsset，自由现金流与总资产的比）；债券层面为债券的剩余期限（BondMaturity，用债券的带起年与当年的差值）。

表4-3 的 Panel A 是样本中关键变量的描述性统计。从表4-3 中可以看出：首先，债券信用利差的平均值为2.30%、标准差为1.29%，说明债券信用利差在公司间存在很大差异。其次，从上市公司的治理指数（CorpGov）的均值为-0.05，说明公司治理的整体质量并不是很高。从上市公司的治理指数（CorpGov）的分布范围为-1.41~1.13 之间，说明不同公司之间公司治理水平差异较大。最后，信息不对称代理变量 InfoAsym 平均值为0.049，说明中国债券市场存在信息不对称。信息不对称的代理变量的标准差很大，说明管理者与公司之间的信息不对称程度在公司间存在显著差异。

为了检验假设2，我们首先使用非参数方法来检验国有企业与民营企业在信用利差、公司治理质量和信息不对称方面的差异的显著性。

首先，表4-3 的 Panel B 给出了三个主要变量不同的非参数检验结果，例如，国有企业和民营企业之间的 CreditSpread、CorpGov 和 InfoAsym。Panel B 显示了民营企业发行的公司债券的信用利差，分别为1.83% 和2.94%，表明这两种方法在1% 的水平上显著。其次，从统计数据上看，国有企业的公司治理质量的情况明显比民营企业好得多（在1% 的水平上）。

这一发现支持了这样的观点：为了减少管理者和投资者之间的信息不对称，国有企业的公司治理有效比民营企业的低（在5%的水平上）。

表4-3 关键变量的描述性统计与单变量分析（样本数=998）

Panel A：描述性统计

Variables	Means	Medians	Sd.	Max	Min
CreditSpread	2.30	2.02	1.29	6.06	0.348
ROE	7.36	7.65	8.44	27.20	-28
ROA	5.31	4.81	3.92	15.30	-8.02
TobinQ	1.33	1.19	0.41	2.41	0.91
CorpGov	-0.05	0.04	0.67	1.13	-1.41
InfoAsym	0.049	0.031	0.067	0.403	0.001
lnTotalAsset	23.70	23.5	1.310	28.50	21.50
LeverageRatio	0.58	0.59	0.156	0.863	0.220
BondMaturity	6.19	5	2.080	15	2
CashToAsset	0.12	0.10	0.085	0.418	0.012
CeoNotPresident	4.33	3.00	3.75	11.00	1.00
DirectorNumb	5.51	6.00	2.87	12.00	0.00
IndDirectRatio	3.43	3.00	1.88	8.00	0.00
SupervisorNumb	3.76	3.00	2.11	9.00	0.00
ShareManager	0.94	0.00	5.88	52.81	0.00
ShareContHolder	40.44	40.89	18.91	88.11	0.00
ShareDirctors	1.88	0.00	8.02	70.11	0.00
ManagerComp	5.32	5.22	0.98	8.91	1.98

Panel B：国有企业和民营企业关键变量差异的非参数检验

CreditSpread	Obs.	Mean	Median	t-value	z-value
SOEs	579	1.83	1.61	14.80 ***	13.91 ***
POEs	419	2.94	2.88		
CorpGov					
SOEs	579	0.07	0.12	8.11 ***	6.65 ***
POEs	419	-0.11	-0.08		
InfoAsym					
SOEs	579	0.04	0.03	1.88 **	1.71 *
POEs	419	0.03	0.02		

注：***、**、*表示在1%、5%、10%的水平上显著。

表4-2给出了主要变量之间的相关系数。表4-2显示，企业财务绩效与信息不对称之间的相关性不显著。这表明财务绩效和信息不对称作为中间变量的模型不适合本节的研究。同时，CorpGov与CreditSpread之间的相关系数在5%的水平上显著为负，这为假设1提供了初步的支持证据。

四、检验结果

（一）公司治理与债券信用利差相关关系检验

表4-4是方程（4-1）的回归结果。表4-4的第2列采用模型（1-A），不包括中介变量，CorpGov的系数为负，且在5%的显著性水平上显著。表4-4的第3列、第4列、第5列采用模型（1-B）、模型（1-C）、模型（1-D），包括中介变量，CorpGov的系数为负，且在5%或者10%的显著性水平上显著。总的来说，公司治理好的公司能降低债券的信用利差，假设1得到了验证。

表4-4　　　　　　　　　公司治理对信用利差影响的检验结果

变量	模型（1-A）	模型（1-B）	模型（1-C）	模型（1-D）
Constant	6.112*** (8.11)	1.445*** (2.77)	2.108*** (3.99)	2.761*** (4.33)
CorpGov	-0.735** (-1.97)	-0.124 (-1.52)	-0.197** (-2.13)	-0.167* (-1.88)
InfoAsym		4.113*** (3.77)	3.313*** (2.44)	3.067** (2.25)
TobinQ		-0.413** (-2.71)		
ROE			-0.042*** (-3.98)	
ROA				-0.061*** (-4.12)
BondMaturity	-0.066 (-1.32)	-0.044 (-1.13)	-0.043 (-1.18)	-0.041 (-1.16)
CashToAsset	2.341*** (2.75)	3.012*** (3.11)	3.114*** (3.16)	3.245*** (3.24)

变量	模型（1-A）	模型（1-B）	模型（1-C）	模型（1-D）
LeverageRatio	0.387 ** （1.88）	0.299 * （1.75）	-0.077 （-0.10）	-0.641 * （-1.75）
YEAR	YES	YES	YES	YES
INDUSTRY	YES	YES	YES	YES
Obs.	998	998	998	998
Adj_R^2	0.154	0.197	0.227	0.233

注：***、** 与 * 分别表示系数在1%、5%与10%上显著。括号内为 t 值，且经过异方差处理。

（二）企业所有权性质对公司治理与债券信用利差关系的影响

本节研究设立虚拟变量 D，检验民营企业与国有企业的企业性质对信用利差的影响。当一个企业为国有企业时，D=1，否则等于0。同时，本节研究设立五个交互变量 CorpGov × D、TobinQ × D、ROA × D、ROE × D 和 InfoAsym × D，用这些交互变量分别检验国有企业与民营企业的公司治理、公司业绩与信息不对称对债券信用利差的影响。检验结果如表4-5所示。

表4-5　　　　国有企业与民营企业债券信用利差的检验结果

变量	模型（4-A）	模型（4-B）	模型（4-C）	模型（4-D）
Constant	2.988 ** （2.14）	2.235 ** （2.09）	2.224 *** （2.13）	2.002 *** （2.05）
D	-0.989 *** （-4.33）	-1.013 *** （-4.13）	-1.108 *** （-3.76）	-1.001 *** （-4.01）
InfoAsym	3.983 ** （2.22）	2.965 * （1.86）	0.097 （0.43）	
InfoAsym × D	7.134 *** （4.34）	6.964 *** （2.98）	3.873 ** （2.11）	
CorpGov	-0.145 （-1.60）	-0.158 （-1.63）	-0.188 （-1.66）	-0.201 * （-1.85）
CorpGov × D	-0.658 *** （-3.77）	-0.521 *** （-3.44）	-0.537 *** （-3.98）	-0.912 *** （-4.46）

续表

变量	模型 (4 - A)	模型 (4 - B)	模型 (4 - C)	模型 (4 - D)
ROE	-0.017^{***} (-2.78)			
ROE × D	-0.022^{**} (-2.12)			
ROA		-0.064^{***} (-3.12)		
ROA × D		-0.031^{**} (-2.23)		
TobinQ			0.067 (0.52)	
TobinQ × D			-0.089^{*} (-1.94)	
CashToAsset	1.431^{***} (2.75)	1.243^{**} (2.23)	1.114^{**} (2.01)	1.346^{**} (2.29)
LeverageRatio	0.453^{*} (1.73)	0.121 (0.29)	0.864^{**} (2.23)	0.876^{**} (2.31)
BondMaturity	-0.037^{**} (-2.11)	-0.024^{*} (-1.89)	-0.022 (-1.37)	-0.003 (-0.15)
YEAR	YES	YES	YES	YES
INDUSTRY	YES	YES	YES	YES
Obs.	998	998	998	998
Adj_R^2	0.397	0.401	0.388	0.376

注： ***、** 与 * 分别表示系数在 1%、5% 与 10% 的水平上显著。括号内为 t 值，且经过异方差处理。

检验结果显示，模型 (4 - D) 没有加入中介变量 InfoAsym 和 Perform、CorpGov 的回归系数为负，且在 10% 的水平上显著，而 CorpGov × D 的回归系数为负，且在 1% 的水平上显著，这表明国有企业和民营企业公司治理都能够降低信用利差，而国有企业降低的幅度要大于民营企业。综上，检验结果支持假设 2。

（三）公司治理与债券信用利差中介效应分析

为了更好地理解公司治理与债券信用利差之间的关系，本节研究将用式（4-3）中的中介效应模型检验信息不对称与公司业绩是否能够作为公司治理影响债券信用利差的中介变量。如表4-6所示。

表4-6 公司治理与信用利差关系的路径分析结果

变量	模型（1）	模型（2）	模型（3）	模型（4）	模型（5）	模型（6）
	InfoAsym	ROE	ROA	TobinQ	CreditSpread	CreditSpread
CorpGov	-0.004* (-1.82)	1.087* (1.89)	0.797* (1.98)	-0.088 (-1.47)	-0.989** (-2.12)	-0.199** (-2.13)
InfoAsym						3.231*** (2.53)
ROE						-0.046*** (-2.17)
控制变量	YES	YES	YES	YES	YES	YES
Obs.	998	998	998	998	998	998
Adj_R^2	0.147	0.198	0.223	0.243	0.149	0.224

注：***、**与*分别表示系数在1%、5%与10%上显著。括号内为t值，且经过异方差处理。

表4-6是公司治理的路径分析结果，主要包括两个步骤：首先，估计式（4-3），结果表示在表4-6的第2列，CorpGov的回归系数为负，且在10%的水平上显著。这表明，良好的公司治理可以直接降低债券的信用利差。其次，式（4-4）和式（4-5）用来检验中介变量与被解释变量之间的关系，结果表示在表4-6的前5列，CorpGov对ROA、ROE的回归系数为正且在统计上显著，CorpGov对InfoAsym的回归系数为负且在统计上显著，这些结果证实了中介变量的解释力度。最后，通过式（4-6）估计CorpGov的系数，表4-6的第7列CorpGov的绝对值大于表4-6的第6列SCORE的绝对值，中介变量的系数统计显著。索贝尔（Sobel，1982）测试中Z值为-1.579且在5%的水平上显著。以上结果表明公司治理也可以通过影响公司信息披露与公司业绩，进而间接影响债券的信用利差。

（四）不同企业所有权性质下，公司治理影响债券信用利差的路径分析

表4-6的结果表明，公司治理既能够通过影响企业绩效而影响信用利差，也能够通过影响信息不对称而影响信用利差。为了更好地理解公司

治理如何影响债券信用利差，在此基础上，本节研究进一步检验在不同所有权性质的企业中，公司治理影响信用利差的路径是否存在差异，即在不同所有权性质的企业中，公司治理与债券信用利差的中介效应是否存在差异。检验结果见表 4 - 5 的第 2 ~ 4 列。与表 4 - 5 的第 5 列中 CorpGov 和 CorpGov × D 的系数相比，表 4 - 5 的前 4 列采用带有中介变量的模型，其中 CorpGov 系数为负且不显著，并且 CorpGov × D 的系数变小了。对于民营企业，InfoAsym 的系数显著为正，而衡量公司业绩的变量显著为负，这些结果表示公司治理（CorpGov）通过中介变量影响信用利差（CreditSpread）。对于国有企业，InfoAsym 的系数显著为正，而衡量公司业绩的变量显著为负，对于公司治理（CorpGov）系数间差异的索贝尔（Sobel）测试列示在前 4 列，第 5 列的 Z 值为 - 2.14，在 5% 的水平上显著，这些结果表示，在民营企业中，公司治理（CorpGov）除了通过影响信息不对称和财务业绩，还通过其他未知的与债券发行者相关的变量来影响信用利差（CreditSpread）。

五、稳健性检验

本部分从两个方面进行稳健性检验：首先，本部分通过检验八个公司的治理变量与信用利差的关系对公司治理与信用利差之间的关系进行稳健性检验。其次，本部分通过替换信息不对称的代理变量来检验信息不对称与企业债券信用利差之间的关系。

（一）公司治理与信用利差的稳定性检验

式（4 - 7）用来检验公司治理的哪一方面对信用利差产生影响。

$$CreditSpread_{it} = \alpha + \beta_1 Perform_{it} + \beta_2 InfoAsym_i + \sum_{i=1}^{8} \beta_{2+i} X_{it} + CONTROL + \varepsilon_{1i}$$

$$(4 - 7)$$

其中，X 表示八个公司的治理变量，包括 CeoNotPresident、ShareContHolder，等等。变量 Perform 主要包括 ROA、ROE 和 TOBINQ 三个变量。

表 4 - 7 是八个公司治理变量与信用利差之间关系的检验结果。表 4 - 7 的回归结果显示，在衡量公司治理质量的七个变量中，只有三个对信用利差有显著影响，七个变量的符号与预期一致。平均而言，这一结果与表 4 - 4 用 CorpGov 作为公司治理指数来衡量公司治理质量对信用利差

的影响结果一致。

表4-7 公司治理对信用利差影响的稳定性检验结果

变量	CreditSpread	CreditSpread	CreditSpread
InfoAsym	3.134 ** (2.29)	3.431 *** (2.76)	3.984 *** (3.22)
ROA	−0.054 *** (−3.12)		
ROE		−0.027 *** (−3.14)	
TobinQ			−0.192 * (−1.76)
CeoNotPresident	−0.022 ** (−1.92)	−0.027 ** (−2.11)	−0.039 ** (−1.99)
DirectorNumb	−0.004 (−0.19)	−0.012 (−0.33)	−0.003 (−0.22)
IndDirectRatio	−0.156 ** (−2.23)	−0.164 ** (−2.11)	−0.123 * (−1.89)
SupervisorNumb	−0.044 (−1.22)	−0.042 (−1.11)	−0.054 (−1.63)
ShareManager	−0.001 (−0.02)	−0.002 (−0.12)	0.008 (0.33)
ShareContHolde	−0.011 ** (−2.21)	−0.011 *** (−2.34)	−0.011 ** (−2.12)
ShareDirctors	0.019 (1.24)	0.020 (1.27)	0.012 (0.88)
ManagerComp	Included	Included	Included
YEAR	YES	YES	YES
INDUSTRY	YES	YES	YES
Obs.	998	998	998
Adj_R^2	0.376	0.388	0.372

注：***、** 与 * 分别表示系数在1%、5%与10%的水平上显著。括号内为 t 值，且经过异方差处理。

（二）信息不对称对信用利差的影响稳定性检验

借鉴德肖和迪切夫（Dechow and Dichev，2002）的方法，本节研究以会计应计信息的质量作为衡量信息不对称的代理变量。德肖和迪切夫（Dechow and Dichev，2002）将会计应计信息的质量（QA）定义为企业经营活动现金流量能够反映营运资本变动的程度，并以式（4-8）估计 QA：

$$\Delta WC = \beta_0 + \beta_1 \times CFO_{t-1} + \beta_2 \times CFO_t + \beta_3 \times CFO_{t+1} + \varepsilon_{1i} \qquad (4-8)$$

其中，ΔWC 为营运资本变动；CFO 为经营性现金流量净额。ΔWC 根据式（4-9）测量得到。

$$\Delta WC = \Delta AR + \Delta Inventory - \Delta AP - \Delta TP + \Delta OtherAssets \qquad (4-9)$$

其中，ΔAR 为应收账款的变动；$\Delta Inventory$ 为存货的变动；$\Delta OtherAssets$ 为其他流动资产的变动；ΔAP 为应付账款的变动；ΔTP 为应交税费的变动。本节研究对式（4-8）进行修正，剔除 t-1 与 t+1 期的经营活动现金流量，得到式（4-10）。

$$\frac{\Delta WC_j}{Asset_j} = \beta_0 + \beta_1 \frac{CFO_j}{Asset_j} + \beta_2 \frac{\Delta REV_j}{Asset_j} + \frac{FA_j}{Asset_j} + \varepsilon_i \qquad (4-10)$$

其中，ΔWC 与 CFO 的定义与式（4-8）中的定义一样，Asset 为总资产；ΔREV 为营业收入变动；FA 为固定资产。以式（4-10）估计得到的残差的标准差即为公司会计应计信息质量，即本节研究用以代表信息不对称程度的 QA。

对样本的统计显示，QA 的平均值为 0.3251，标准差为 3.7644，最大值为 8.8331，最小值为 -4.2547。这表明，发行债券的这些中国公司与投资者之间存在信息不对称，而且，不同公司与投资者之间信息不对称程度差异较大。

表 4-8 是以 QA 作为信息不对称代理变量进行的稳健性检验结果。表 4-8 的各项关键变量的符号与显著性水平与表 4-4 的结果基本一致，表示表 4-4 的结果是稳健的。

表 4-8　　信息不对称对信用利差影响的稳定性检验结果

变量	模型（1-A）	模型（1-B）	模型（1-C）	模型（1-D）
CorpGov	-0.088 ** （-2.12）	-0.035 （-1.46）	-0.019 ** （-2.00）	-0.043 * （-1.89）

变量	模型（1-A）	模型（1-B）	模型（1-C）	模型（1-D）
QA		0.017 *** (3.13)	0.013 *** (3.01)	0.015 *** (2.88)
TobinQ		-0.201 *** (-3.03)		
ROE			-0.107 ** (-2.00)	
ROA				-0.165 ** (-2.21)
CONTROL	Included	Included	Included	Included
YEAR	YES	YES	YES	YES
INDUSTRY	YES	YES	YES	YES
Obs.	998	998	998	998
Adj_R^2	0.176	0.177	0.198	0.186

注：***、**与*分别表示系数在1%、5%与10%的水平上显著。括号内为t值，且经过异方差处理。

（三）国有企业和民营企业中公司治理对债券信用利差的影响检验

本节研究进行更进一步的检验，为了探究民营企业的公司治理在帮助减少信用价差方面为什么比国有企业中更有效。

表4-9中的第2栏的结果显示了两者的系数。CorpGov 和 CorpGov × D 都在1%的水平上显著为负，这表明，民营企业与公司治理的组合能更有效地帮助减少信息不对称。

表4-9　　控制权、公司治理和债券信用利差之间关系的稳定性检验结果

变量	模型（1）	模型（2）	模型（3）	模型（4）	模型（5）	模型（6）
	InfoAsym	ROA	ROE	TobinQ	CreditSpread	CreditSpread
D	0.004 (0.46)	0.468 * (1.69)	1.245 (1.33)	0.086 ** (1.97)		
CorpGov × D	-0.031 *** (-3.12)	0.733 (1.23)	1.861 (1.34)	0.034 (0.35)		

续表

变量	模型（1）	模型（2）	模型（3）	模型（4）	模型（5）	模型（6）
	InfoAsym	ROA	ROE	TobinQ	CreditSpread	CreditSpread
CorpGov	-0.024^{***} （-3.23）	0.897^{*} （1.84）	2.334^{**} （2.22）	0.101^{**} （2.25）		-0.188 （-1.49）
LCorpGov					-0.517^{**} （-1.99）	
lnTotalAsset	-0.002 （-1.23）	0.886^{***} （4.23）	1.987^{***} （5.13）	-0.098^{***} （-6.45）		
LeverageRatio	0.005 （0.33）	-8.134^{***} （-4.33）	-9.986^{***} （-4.55）	-0.369^{***} （-2.98）	0.764 （1.31）	0.267 （0.34）
CashToAsset	0.043^{**} （2.00）	3.213^{**} （1.97）	5.345^{**} （2.11）	0.452 （1.60）	3.331^{**} （2.16）	-0.971 （-0.90）
InfoAsym						1.876^{*} （1.88）
ROE						-0.021^{**} （-2.01）
lnBT						-0.164^{***} （-3.77）
BondMaturity					-0.047^{***} （-2.24）	-0.135^{*} （-1.97）
YEAR	YES	YES	YES	YES	YES	YES
INDUSTRY	YES	YES	YES	YES	YES	YES
Obs.	998	998	998	998	631	784
Adj_R^2	0.276	0.265	0.251	0.415	0.231	0.245

注：***、**与*分别表示系数在1%、5%与10%的水平上显著。括号内为t值，且经过异方差处理。

　　表4－9的第3~5列的结果显示了控制权对公司治理和公司财务绩效之间关系的影响。在第3~5列的系数CorpGov×D为正，但不显著，这意味着控制权类型（如国有企业和民营企业）对公司治理在帮助改善财务绩效方面并没有显著影响。

（四）内生性

　　用工具变量LcorpGov表示滞后的CorpGov一段时间，用于处理内生性。表4-9的第6栏中显示的回归结果显示了 LCorpGov 的系数为负，并在5%的水平上显著。通过模型得到的结果考虑了潜在的内生性问题，假设1得到了验证。

（五）民营企业中公司治理与债券信用利差之间关系的进一步检验

我们的检验显示，在民营企业中，CorpGov 通过两个中介变量和其他未知变量对 CreditSpread 产生影响。因此，需要进一步的测试来显示这些未知变量可能是什么。非营业收入作为企业收入的重要来源，可能与企业信用风险有关，而且公司治理可能影响来自政府补贴等非营业收入。国有企业通常被要求承担更多的社会责任，因此，无论他们的公司治理质量如何，都可以接受政府补贴。另外，民营企业可能会得到更多的政府补贴以奖励他们良好的企业治理。

因此，由 lnBT 表示的非营业收入被加入到式（4-1）中，用于检验非营业收入是否是公司治理影响民营企业的信用价差的未知机制之一。表4-9中的第6栏的结果显示，包括 lnBT 的 CorpGov 系数不显著。由此可以得出结论，非营业收入与财务绩效和信息不对称一起可以解释公司治理如何有助于减少在民营企业中的信用价差。

六、结 论

本节研究使用中国上市公司债券与公司治理数据，实证检验了上市公司的公司治理结构与债券信用利差之间的关系。本节研究发现，首先，公司治理与债券信用利差之间存在显著的负相关性，即良好的公司治理能够降低债券的信用利差。其次，除了直接影响债券信用利差外，公司治理也能通过改善公司业绩、减少管理者与投资者之间的信息不对称程度来减少债券的信用利差。再次，良好的公司治理对债券信用利差的负影响，在民营企业中比国有企业更明显。对这个结果的一种可能解释是，由于多种原因（如国有企业的领导者通常对政府负责，而不是对股东负责），国有企业的公司治理在改善财务绩效和信息不对称方面效率不高。最后，在国有企业中，CorpGov 通过中介变量，即企业财务绩效和信息不对称，对 CreditSpread 产生了影响。在民营企业中，CorpGov 通过两个中介变量以及其他变量如非营业收入，对 CreditSpread 产生影响。本节的研究有助于了解在中国国内债券市场中企业债券怎样定价，从而帮助企业降低信用利差，降低债券融资成本。

第二节 企业社会责任与债券信用风险

一、引言

近年来，企业社会责任问题成为了国内外各界关注的焦点。例如，为了更好地推进企业承担社会责任，我国政府以及相关监管机构相继出台了一系列法律、法规及规章制度。2006 年修订的《公司法》中的第五条明确规定企业应该承担社会责任。在中国 A 股上市公司中，发布企业社会责任报告公司的数量不断增加，从 2007 年的 47 家到 2012 年的 592 家。在关于企业社会责任的"可持续发展"问题研究中（具体包括环境、人权、劳工标准和反腐败调查），在 100 多个国家的 700 多个管理者中，超过 93% 的管理者认为可持续发展问题将对企业业务的未来成功至关重要。[①] 投资者也利用企业社会责任信息进行投资决策（CICA，2010）。在制定投资策略时，很多基金将企业社会责任投资作为一个重要的原则。在美国和欧洲，社会责任投资已经成为一个蓬勃发展的市场（Lemke and Lins，2013）。据美国社会投资论坛（SIF）基金发表的《2012 年可持续和社会责任投资趋势报告》，截至 2011 年底，在由职业投资者掌管的投资资金中，每 9 美元中就有 1 美元（即超过 37400 亿美元）被用于社会责任投资。[②] 此外，有研究表明，大量个人投资者也倾向于投资于承担社会责任的企业（Guenster et al.，2008）。

自从谢尔登（Sheldon，1924）提出"企业社会责任"这一概念以来，企业社会责任也已经成为学术研究的一个重要主题之一。周宏等（2014）、李国平与韦晓茜（2014）进行的综述性研究表明，虽然在企业社会责任与财务绩效之间的关系问题上，现有研究得出了不同的结论，但总体而言，现有研究认为承担社会责任有助于提高企业财务业绩。随着企业社会责任

---

① P. Lacy, T. Cooper, R. Hayward and L. Neuberger, 2010, "A new era of sustainability UN Global Compact – Accenture CEO study 2010". Available at: http://www.accenture.com/sitecollectiondocuments/pdf/accenture_a new_era_of_sustainability_ceo_study.pdf. Retrieved on October 11, 2014.

② 资料来源: http://www.ussif.org/files/Publications/12_Trends_Exec_Summary.pdf.

研究的深入，相关研究开始探讨承担社会责任影响企业财务绩效的机制。周宏等（2014）、李国平与韦晓茜（2014）还发现，由于2008年的全球金融危机的影响，在企业社会责任问题上，各国公司（特别是跨国公司）面临着新的挑战。

本节研究的目的是通过探讨企业社会责任与企业债务融资成本之间的关系，以深化对企业社会责任与财务绩效之间关系的认识。本节以此为研究内容出于以下原因：第一，探讨企业社会责任与企业资本成本之间的关系，有助于了解企业社会责任如何影响企业财务绩效（Renneboog et al.，2008）。现有相关文献主要研究企业社会责任与权益资本成本之间的关系，而很少关注企业社会责任与债务融资成本之间的关系。第二，随着中国债券市场的发展，债权融资将成为越来越重要的企业融资方式。在中国环境中，研究企业社会责任与财务绩效之间的关系将有助于中国企业通过降低资本成本来提高财务绩效。

基于默顿（1987）与海因克尔等（Heinkel et al.，2001）的理论框架，本节使用2010~2012年沪市上市公司发债企业的450个样本，以债券信用利差衡量企业债务融资成本，分析企业社会责任与债务融资成本之间的关系。本节的主要研究结果如下：首先，企业社会责任能够显著降低债务成本；企业承担社会责任的程度越高，企业的债务融资成本越小；企业社会责任的5个组成部分（环境、员工、消费、社区与其他利益相关者）均与企业债务融资成本之间有显著的负相关。其次，企业的公司治理越弱，承担社会责任更能降低企业债务融资成本，这可能表明当企业治理与监督机制较弱时，企业承担社会责任能够向外界传递更强的信息。最后，承担社会责任与企业债务融资成本之间的关系随着机构投资者持股数量的增加而减弱。

本节研究的贡献主要有以下几个方面：第一，以往的文献主要研究企业社会责任与资本成本（Dhaliwal et al.，2011）或者是银行信贷成本（Chava，2010；Goss and Roberts，2011），本节则研究企业社会责任与债券融资成本之间的关系。第二，以往关于企业社会责任与资本成本的研究主要以发达经济体为研究对象。作为一个重要的发展中国家，中国的制度背景与发达国家存在显著差别。第三，相比于现有文献，本节进一步研究了企业社会责任的不同维度（环境、员工、消费、社区以及企业相关利益者角度）对债务成本的影响。第四，通过研究公司治理、企业社会责任与资本成本三者的关系，本节展示了企业社会责任是如何发挥作用的，如何

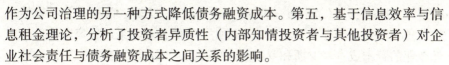

作为公司治理的另一种方式降低债务融资成本。第五，基于信息效率与信息租金理论，分析了投资者异质性（内部知情投资者与其他投资者）对企业社会责任与债务融资成本之间关系的影响。

本节其他部分的安排如下，第二部分为理论分析与假设提出；第三部介绍本节研究的数据，变量以及模型研究设计；第四部分为本节研究的实证分析与稳健性检验；第五部分为本节研究的主要结论。

二、文献回顾、理论分析与研究假设

（一）文献回顾

关于企业社会责任与企业财务绩效关系的文献很多，而且在不断增加。虽然企业社会责任和企业财务绩效之间的关系仍然是一个有争论的问题，但是目前的文献大多支持企业社会责任能够有效提高企业财务绩效的结论（周宏，2014；李国平与韦晓茜，2014）。

现有研究发现，企业社会责任通过降低资金成本提高企业财务绩效（Cheng et al.，2014；Dhaliwal et al.，2011；El Ghoul et al.，2011；Goss and Roberts，2011；Sharfman and Fernando，2008）。例如，戈斯和罗伯斯（Goss and Roberts，2011）的研究表明，在银行信贷市场中，同在承担社会责任方面有着良好记录的公司相比，企业社会责任记录不佳的公司将多支付23个基点的利差。现有研究并进一步分析了企业社会责任降低资本成本的各个机制。首先，CSR能够降低信息不对称，从而提供企业透明度（Cheng et al.，2014；Dhaliwal et al.，2011；Eccles et al.，2012；Hong and Kacperczyk，2009）。一方面，积极承担社会责任的企业更倾向于向市场披露更多的信息；另一方面，有证据表明，股票分析师更倾向于追踪有社会责任感的企业，这也将导致企业的透明度更高（Hong and Kacperczyk，2009）。其次，企业社会责任可以促进利益相关者（员工、客户、消费者与债权人等）对企业经营活动的参与度，从而降低代理成本。许多研究（Benabou and Tirole，2010；Cheng et al.，2014；Eccles et al.，2012）发现，企业社会责任可以促进企业与利益相关者之间建立更好的互信与合作，从而加强外部治理，遏制管理者的投机行为。最后，企业社会责任能够帮助企业降低非系统性风险（Goss and Roberts，2011；Lee and Faff，2009；Luo and Bhattacharya，2009；Mishra and Modi，2013；Sun and Cui，

2014）。相关研究（Merton，1987；Fu，2009）发现，企业的非系统性风险与预期回报之间存在正相关性。因此，降低企业非系统性风险有助于降低企业的资本成本。戈斯和罗伯茨（Goss and Roberts，2011）发现，企业社会责任能够帮助企业降低被消费者起诉的风险。

（二）理论框架

本节的研究主要依据以下理论与假说：一是投资者的相对规模理论；二是企业感知风险理论；三是信息不对称理论。

（1）投资者相对规模。默顿（1987）构建了资本市场的一般均衡模型。根据该模型，提高企业的投资者相对规模有助于降低企业的资本成本。该理论的分析如下：投资者进行投资时，通常会投资于其熟悉的企业。当有更多的投资者知道该企业时，投资于该企业的投资者规模将扩大，对该企业股票的需求将增加。股票需求的增加将促进股票价格的提高，从而导致资本成本的降低。海因克尔等（2001）扩展了默顿（1987）的一般均衡模型，并把该结论扩展到债券市场。海因克尔等（2001）认为，随着企业债券投资者的增多，投资者个人承受的风险将下降，他们要求的预期回报将下降。也就是说，当持有某个企业债券的投资者较少时，投资者承担的风险将会增大，投资者相应地会要求更多的回报（即债券的价格下降，到期收益率升高，债券的信用利差增大），从而导致债务融资成本的升高。

根据投资者相对规模理论，企业积极地承担社会责任能够吸引到更多的投资者，从而扩大投资者规模，并最终导致债务成本的降低。

（2）感知风险。现有研究表明，投资者认为对社会不负责任的企业具有更高的风险水平（Starks，2009）。大量研究（Hong and Kacperczyk，2009；Waddock and Graves，1997）已经发现，投资者的这一认识通常是正确的。例如，洪和凯帕克茨克（Kacperczyk，2009）认为，一些"罪恶"行业（即烟草、酒、赌博与核工业等）中的公司通常会面临着更多的诉讼风险。

更重要的是，如洪和凯帕克茨克（2009）所强调的，上述投资者感知风险（例如，诉讼风险）是不可分散风险。也就是说，一方面，这一风险会被包括到对企业资产的定价之中。因此，社会责任企业将被认为是低风险的，要求的风险溢价较低。另一方面，根据感知风险理论，企业承担的社会责任水平越高，则投资者对企业的感知风险越低，购买其债券行为加强。这将导致该企业的债券价格上涨，到期收益率下降，债券的融资成本降低。

（3）信息不对称理论。企业实施社会责任可以通过提高企业财务报告的透明度影响企业与投资者之间的信息不对称，从而最终影响债务融资成本。具体关系流程如图4-1所示。

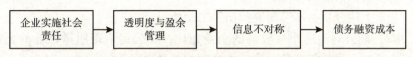

图4-1　CSR、信息不对称与债务融资成本关系流程

首先，积极承担社会责任的企业更可能进行自愿信息披露，从而提高财务报告的透明度。格尔布和斯爵瑟（Gelb and Strawser，2001）发现，承担社会责任比较好的企业会披露更多的财务信息。成等（Cheng et al.，2014）也认为，企业社会责任可以加强企业的透明度。此外，有研究发现，企业实施社会责任能够对盈余质量产生影响，即提高企业会计信息的质量（Kim et al.，2012）。

其次，提高透明度能够减小企业与投资者之间的信息不对称（Lamber et al.，2007），而信息不对称对资产价格的影响已为大量的研究所证实。科普兰和加莱（Copeland and Galai，1983）研究了信息不对称对资产定价的影响，并且发现，即使在风险中性的条件下，只要市场上有非对称信息存在，买卖价差就会存在。达菲和兰多（Duffie and Lando，2001）研究了非对称信息在企业债券信用风险定价中的影响，并认为信息不对称会导致投资者对公司价值产生不同的理解，从而对公司信用利差的期限结构产生不同的预期。周宏等（2012，2014）与林晚发等（2013）都认为信息不对称与债券信用利差之间存在显著的正相关关系。成等（Cheng et al.，2011）则把债券信用利差作为信息不对称的替代变量。

根据信息不对称理论，承担社会责任有助于提高企业的财务透明度，降低企业与投资者之间的信息不对称程度，从而有助于降低债券的融资成本。

基于上述分析，本节研究提出第一个研究假设：

H1a：在其他因素相同的情况下，同没有承担社会责任的企业相比，承担社会责任的企业的债务融资成本更低。

H1b：在其他因素相同的情况下，同承担社会责任较少的企业相比，承担社会责任较多的企业的债务融资成本更低。

内部公司治理机制、机构投资者持股等对管理者行为具有监督功能，这种监督功能可能影响企业社会责任与债务融资成本之间的关系。一方面，有效的监督可能提高管理者实施社会责任的积极性；另一方面，当公司治理的质量相对较弱时，企业社会责任可能作为内部公司治理的替代机制，发挥公司治理的作用。

基于上述分析，本节研究提出第二个假设：

H2：同公司治理质量较高的企业相比，在公司治理质量较低的企业中，企业社会责任与债务融资成本之间的关系更显著。

投资者由于了解信息程度的不同而具有异质性，即投资者可以分为内部知情人与其他市场参与者。内部知情人包括机构投资者与分析师，他们比其他市场参与者拥有更多的信息。投资者之间的信息不对称导致机构投资者有能力也有资源去获得更详细的信息（Shleifer and Vishny，1986），而散户投资者的认知与信息处理能力处于劣势（Merton，1987）。最近的研究表明，相对于散户投资者，机构投资者有着关于企业社会责任的信息优势（CICA，2010；Cohen et al.，2011）。例如，机构投资者能够从管理层、非政府研究报告以及研究机构等多种途径获得企业的社会责任信息，而散户投资者则通常只能依靠公共渠道获取相关信息。

对于处于信息优势的内部知情人如何影响资本市场这一问题上，现有研究提出了两个不同的理论予以解释。理论之一可以称为"信息效率"理论。根据这一理论，内部知情人由于拥有私有信息而更积极地参与到市场中，进行更活跃的交易。他们的交易活动被其他投资者观察到，并被模仿，从而致使市场流动性的增加与买卖价差的降低。根据这一理论，内部知情人的参与导致市场更具有信息效率（Merton，1987）。

理论之二可以称为"信息租金理论"。这一理论认为，内部知情人的信息优势会导致买卖价差的扩大。例如，伊斯利和奥哈拉（Easley and O'Hara，2004）认为，内部知情人能够很好地利用其私有信息调整其投资组合，而其他投资者则无法及时有效地调整其投资组合。因此，内部知情人的交易行为通过增加了其他投资者的风险导致信息不对称的加大，并进而导致买卖价差的扩大（Kim and Verrecchia，1994）。

根据"信息效率理论"，机构投资者持股比例越高，企业社会责任与债务融资成本的负向关系越强。根据"信息租金理论"，机构投资者持股比例越高，企业社会责任与债务融资成本的负向关系越弱。基于上述理

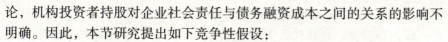

论，机构投资者持股对企业社会责任与债务融资成本之间的关系的影响不明确。因此，本节研究提出如下竞争性假设：

H3a：在信息效率理论下，企业股权结构中机构投资者持股比例越高，企业社会责任与债务融资成本之间负向关系越显著。

H3b：在信息租金理论下，企业股权结构中机构投资者持股比例越高，企业社会责任与债务融资成本之间负向关系的显著性降低。

三、研究设计

（一）数据来源

本节研究的各项数据分别来自以下数据库：公司治理数据、股票市场数据以及企业财务数据来自 CSMAR 数据库；机构投资者持股比例数据与债券个体数据均来自 Wind 数据库；国内生产总值（GDP）增长率等宏观经济数据来自中经网数据库；企业社会责任数据则通过对企业的年报以及社会责任报告进行手工收集获得。所有财务数据以及股票市场数据等连续变量都进行了 1% 的缩尾处理。

（二）样本

本节研究选择 2010～2015 年沪市上市公司发债数据作为研究对象。在沪市发债公司中排除金融业、境内外同时上市与"上证公司治理板块"内的公司。最后，通过数据合并、整理、去除缺失值与重复值①后，研究的基础样本总数为 851 个，上市公司数为 533 个。

（三）研究模型与变量定义

式（4－11）是本节研究的主要回归模型。变量及其定义如下。

$$CS_{it} = \alpha + \beta_1 CSR_{it} + \beta_2 \ln ZZC_{it} + \beta_3 LEV_{it} + \beta_4 CREDIT_{it} + \beta_5 AGE_{it}$$
$$+ \beta_6 SYQX_{it} + \beta_6 VAR_{it} + YEAR + INDUSTRY + \varepsilon_{it} \qquad (4-11)$$

（1）因变量。本节研究的因变量为债务融资成本。本节以债券信用利差（CS）作为债务融资成本的替代变量。债券信用利差定义为债券的到期收益率与相同剩余期限国债收益率之差。现有研究表明，债券信用利差

---

① 重复值指一个上市公司可能在一年中发行两个或以上的债券；假若存在这种情况，随机去掉一个观测值。

越大，债务融资成本越高（Anderson et al.，2004）。

（2）自变量。企业社会责任（CSR）。本节采用以下两种方式定义企业社会责任：第一，采用虚拟变量法（CSR01）定义。如果企业自愿披露了企业社会责任报告，本节即视该企业履行了社会责任，则 CSR01 等于1，否则等于0。第二，借鉴拉尼和理查森（Lanis and Richardson，2012）的研究，首先，把社会责任分为5大类（即环境、员工、消费者、社区以及其他利益相关者）。其次，在这个分类下进行打分。如果企业社会责任报告中有某类内容，则该类赋值为1；如果有更具体的内容（例如，提供了该方面的具体数据），则赋值为2。最后，对每类分值进行加总作为企业社会责任的总得分。此变量用 CSRSCORE 代表，CSRSCORE 的最高分为10分。

企业规模（lnZZC）。本节采用企业总资产的对数来衡量企业规模。一般情况下，企业规模越大，融资约束越小，其违约的风险也就越小。因此，预期企业规模与信用利差负相关。

企业杠杆率（LEV）。本节采用企业负债与总资产的比率来衡量企业杠杆率。企业杠杆率越大，信用风险就越大，债券利差也就越大。因此，预期企业杠杆率应与信用利差正相关。

债券的信用等级（CREDIT）。本节研究对信用等级进行赋值，具体赋值如下：AAA + = 8，AAA = 7，AA + = 6，AA = 5，AA − = 4，A + = 3，A = 2，A − = 1。

债券的剩余期限（SYQX）。本节研究使用债券的到期年与当年的差作为债券的剩余期限。根据和威治和特纳（Helwege and Turner，1999）的研究，债券剩余到期时间越长，不确定性因素就越大，发生违约的可能性就越大。因此，预期剩余年限与信用利差应当呈现正相关关系。

债券已存续年限（AGE），即债券从发行年与当期年的差值。余（2005）认为，一只债券已存续年限越长，它的交易就越不频繁，流动性就越差，因此，债券利差就越大。但从信息不对称的角度来说，一只债券已存续的年限越长，它的已披露的信息就越多，企业债券发行者与投资者之间的信息不对称程度越低，因此，信用利差应该越小。债券已存续年限与信用利差相关性的方向不明。

股票市场波动（VAR）。本节采用上证指数的年波动率作为股票市场波动。有研究表明，股票市场与债券市场存在负相关性。股票市场波动越大，则债券信用利差越小。

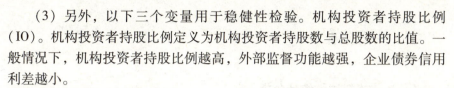

（3）另外，以下三个变量用于稳健性检验。机构投资者持股比例（IO）。机构投资者持股比例定义为机构投资者持股数与总股数的比值。一般情况下，机构投资者持股比例越高，外部监督功能越强，企业债券信用利差越小。

公司治理质量（SCORE）。本节选择八个治理变量，构建公司治理质量综合评价指数（SCORE）。SCORE数值越大，则公司治理质量越高。六个公司治理变量如下：第一，董事长与总经理的两职合一（SFJR）。代理理论认为，董事长和总经理两职合一会削弱董事会的监控功能（Ho and Wong，2001）。第二，董事会中独立董事的比例（DDRS）。独立董事作为抵制经营者机会主义行为的手段，有利于内部治理机制的强化（Rosenstein and Wyatt，1990）。一般而言，董事会中独立董事比例比较高的公司更可能进行自愿性信息披露（Fama and Jensen，1983）。福克（Forker，1992）发现，较高的独立董事比例能够提高财务信息披露质量，减少经营者由于隐瞒信息而获得的不当利益的可能性。第三，董事会持股比例（DSHCG）与高管持股比例（GGCG）。根据委托代理理论，较高的董事会持股比例能够有效地激发董事为股东利益而勤勉尽责地工作，从而会强化董事会的运作效率，并最终提高企业的财务业绩。第四，第一大股东持股比例（DYDGDCG）。一定程度的股权集中有助于提高大股东信息收集以及对代理人进行监督的激励，并有助于降低管理层与投资者之间的信息不对称（Shleifer and Vishny，1986）。同时，大股东也有足够的投票权改变企业经营者的行为，并通过一定的会计契约约束经营者的行为。第一大股东所持股份的比例较大时，第一大股东可能通过股东大会上直接参与公司的决策，公司内部监管机制相对比较有效。第五，董事会（DSHGM）与监事会规模（JSHGM）。第六，前三位高管的薪酬之和（DSQSJE）。

企业净资产收益率（ROE）用以衡量企业的经营获利能力。发债企业的经营管理水平影响发债企业的经营获利能力，而经营获利能力是企业债券投资者能够及时收回本息的重要保障。因此，预期企业净资产收益与债务融资成本负相关。

经济增长率以国内生产总值（GDP）增长率（GDPgrowth）衡量。一般情况下，经济增长率越高，企业融资约束较小，债券信用利差越小。

四、实证分析

（一）样本描述性统计分析

表4-10提供了各变量的描述性统计结果。CS 的均值为 2.85% 说明在中国债券市场中，发债的上市公司存在违约风险。CSR01 的均值为 0.291，说明在整体上，只有 1/4 的发债上市公司承担了企业的社会责任。CSRSCORE 的均值只有 1.93，这说明企业实施社会责任的总体水平较低。企业的公司治理均值为 -0.079，中位数为 0.015，这说明整体上发债上市公司的公司治理质量不高，但存在比较明显的两极分化现象。

表4-10　　　　　　　　　　回归变量的描述性统计

变量	样本数	均值	中位数	标准差	极小值	极大值
CS（%）	851	2.91	2.72	1.33	0.154	6.79
CSR01	851	0.291	0	0.532	0	1
CSRSCORE	851	1.93	0	3.31	0	10
lnZZC	851	13.4	12.9	1.31	11.2	19.2
LEV	851	0.546	0.583	0.167	0.231	0.842
CREDIT	851	5.45	6	1.33	5	8
AGE（年）	851	1.9	2.3	1.46	1	6
SYQX（年）	851	5.14	5	1.41	2	10
VAR（%）	851	20.31	18.99	0.031	16.31	23.31
GDPrate（%）	851	8.73	7.8	1.14	7.86	10.7
SCORE	533	-0.079	0.015	0.565	-1.33	1.02
IQ（%）	533	50.55	53.1	22.8	0.031	99.1
ROE（%）	533	8.41	8.61	9.01	-24.1	33.5

（二）主要变量相关系数表

表4-11 给出了主要变量的相关系数及其显著性。CS、CSR01 与 CSRSCORE 之间存在显著的负相关关系。这一检验结果为本节研究的 H1

提供了初步的支持证据。表4-11的结果显示，大部分解释变量与CS之间的关系符合预期。此外，检验表明，解释变量间的相关系数数值较小，且VIF小于3，因此，解释变量之间不存在严重的共线性问题。

表4-11　　　　　　　　　　主要变量的相关系数

变量	CS	CSR01	CSR SCORE	lnZZC	LEV	CREDIT	AGE	SYQX
CS	1							
CSR01	-0.314***	1						
CSR SCORE	-0.256***	0.876***	1					
lnZZC	-0.498***	0.301***	0.231***	1				
LEV	0.004	0.111**	0.111**	0.451***	1			
CREDIT	-0.487***	0.131***	0.141***	0.341***	0.068	1		
AGE	-0.131***	0.310***	0.257***	0.347***	0.161***	0.238***	1	
SYQX	-0.087*	0.008	0.001	0.023	0.063	-0.022	-0.386***	1

注：***、**与*分别表示系数在1%、5%与10%的水平上显著。

（三）多元回归分析

（1）企业社会责任与债务融资成本的主回归分析。本节在控制企业与债券层面的因素、年份与行业因素，并对异方差进行怀特异方差调整后，使用企业社会责任不同的替代变量对债券信用利差进行回归。表4-12报告了回归的主要结果。在各模型中，因变量都为债券的信用利差CS，解释变量为不同的企业社会责任变量。表4-12中的7个模型的回归结果都表明，承担社会责任企业可以降低债务融资成本。

表4-12　　　　　　　　企业社会责任与债务融资成本

变量	(1)	(2)	(3)	(4)	(5)	(6)	(7)
CSR01	-0.297** (-2.13)						
CSRSCORE		-0.031*** (-2.46)					

变量	（1）	（2）	（3）	（4）	（5）	（6）	（7）
CSRHJ			-0.187*** （-2.35）				
CSRYG				-0.241*** （-3.31）			
CSRXF					-0.298*** （-3.13）		
CSRSQ						-0.211*** （-3.17）	
CSRQT							-0.214*** （-3.08）
控制变量	控制	控制	控制	控制	控制	控制	控制
样本数	851	851	851	851	851	851	851
F 值	23.56***	23.41***	21.31***	22.91***	23.11***	21.74***	20.96***
Adj_R^2	0.422	0.434	0.437	0.427	0.429	0.414	0.411

注：***、** 与 * 分别表示系数在1%、5%与10%的水平上显著。括号内为系数的 t 值，t 值来源于 Hubei-white robust and cluster 调整的混合回归。

表4-12 中的列（1）表明，CSR01 的系数在1%的水平上显著为负，这说明企业承担社会责任能够显著降低其债务融资成本，即支持 H1a。其他控制变量也对债务融资成本有影响。具体地说，企业规模越大，企业杠杆率越小，企业债券评级越高，则企业的债务融资成本越小。列（2）CSRSCORE 的系数在1%的水平上显著为负，这说明企业承担社会责任越多，其债务融资成本越小，这一结果支持了 H1b。在经济意义上，当企业社会责任得分每增长一个标准差时，债券信用利差将降低0.13%。

表4-12 的列（3）~列（5）为检验企业社会责任的五个组成部分与企业债务融资成本之间的关系。实证结果表明，企业社会责任所有的五个组成部分变量的系数都在1%的水平上显著，即所有组成部分都能降低债务融资成本。

（2）公司治理对企业社会责任与债务融资成本关系的影响。为了研究公司治理对企业社会责任与债务融资成本关系的影响，本节首先将样本中的公司按 SCORE 的得分是否大于 SCORE 的中位数为标准，将样本中的公司分为两组，即 SCORE > 中位数的公司与 SCORE < 中位数的公司，并进

行检验。检验结果列于表 4 – 13 的 Panel A 部分中。在表 4 – 13 的 Panel A 部分的第 1 列与第 2 列中，SCRSCORE 系数都在 1% 的水平上显著，且它们的差异在 10% 的水平上显著（低治理组的系数更小）。列（3）与列（4）SCR01 系数都在 1% 的水平上显著，且它们的差异在 10% 的水平上显著（低治理组的系数更小）。这表明，在公司治理质量较差的公司中，企业社会责任更有助于降低债务融资资本。

本部分在以独立董事比例作为公司治理的代理变量①，检验公司治理质量对企业社会责任与债务融资成本关系的影响。检验结果列于表 4 – 13 的 Panel B 部分。Panel B 部分的结果表明，同独立董事比例高的企业相比，在独立董事比例低的企业中，实施社会责任能够更显著降低融资成本。

上述结果表明，同公司治理质量高的企业相比，公司治理质量较低的企业承担社会责任更有助于降低企业的债务融资成本。这些结果支持了本节研究的 H2 假设。

表 4 – 13   子样本分析企业社会责任对债务融资成本的影响

	Panel A：公司治理指数			
变量	高治理组 SCORE > 中位数	低治理组 SCORE < 中位数	高治理组 SCORE > 中位数	低治理组 SCORE < 中位数
CSRSCORE	− 0. 034 *** (− 2. 31)	− 0. 086 *** (− 3. 45)		
	Prob（different）= 0. 06 *			
CSR01			− 0. 297 ** (− 2. 26)	− 0. 701 *** (− 3. 99)
			Prob（different）= 0. 08 *	
CONTROL	控制	控制	控制	控制
样本数	451	450	451	450
Adj_R^2	0. 412	0. 377	0. 411	0. 377
	Panel B：独立董事比例			
变量	独立董事比例低	独立董事比例高	独立董事比例低	独立董事比例高
CSRSCORE	− 0. 91 *** (− 2. 78)	− 0. 022 ** (− 1. 98)		

① 对于其他公司治理指数构建变量，作者也进行了相应的分析，结果与公司治理指数回归结果类似。由于篇幅有限，相应结果没有列出。如果需要，可向作者索取。

Panel B：独立董事比例

变量	独立董事比例低	独立董事比例高	独立董事比例低	独立董事比例高
	Prob（different）= 0.03 **			
CSR01			−0.817 *** （−3.98）	−0297 *** （−2.51）
			Prob（different）= 0.04 **	
CONTROL	控制	控制	控制	控制
样本数	451	450	451	450
Adj. R^2	0.241	0.310	0.312	0.398

注：***、** 与 * 分别表示系数在1%、5% 与10% 的水平上显著。括号内为系数的 t 值，t 值来源于 Hubei-white robust and cluster 调整的混合回归。

（3）机构投资者持股对企业社会责任与债务融资成本关系的影响。为检验机构投资者持股对企业社会责任与债务融资成本关系的影响，本节研究在式（4−11）中，分别加入机构投资者持股比例与企业社会责任的交叉项，即 CSR01 × IQ 与 CSRSCORE × IQ。具体的回归结果列于表4−14 中。表4−14 中的第2列与第3列分别以企业是否实施社会责任（CSR01）、企业实施社会责任的得分（CSRSCORE）作为企业社会责任的替代变量。在两列中，CSR01 × IQ 与 CSRSCORE × IQ 的系数分别在5% 与1% 的水平上显著为正。同时，企业社会责任变量系数在1% 的水平上显著为负。这意味着，随着机构投资者持股比例的增大，企业社会责任与债务融资成本之间的关系在减弱。这一结果支持了本节研究的 H3b 假设。

表4−14 机构投资者对企业社会责任与债务融资成本调节作用的回归结果

变量	CS	CS
IQ	−0.007 *** （−3.13）	−0.007 *** （−2.97）
CSR01	−0.917 *** （−3.13）	
CSR01 × IQ	0.008 ** （2.11）	
CSRSCORE		−0.124 *** （−3.13）

续表

变量	CS	CS
CSRSCORE × IQ		0.001 *** (2.39)
CONTROL	控制	控制
样本数	553	553
Adj_R²	0.471	0.451

注：***、**与*分别表示系数在1%、5%与10%的水平上显著。括号内为系数的 t 值，t 值来源于 Hubei-white robust and cluster 调整的混合回归。

（四）稳健性检验

本节研究从以下两个方面对上述实证结果进行稳健性检验。

（1）遗漏变量与内生性问题。可能影响本节研究上述检验结果的一个重要原因是模型潜在的内生性以及遗漏相关变量产生的偏误。例如，有研究认为，公司治理、企业盈利能力既与企业社会责任有关系，也与债务融资成本有关（Brown et al.，2006）。为了减轻可能存在的遗漏变量造成的偏差，本节研究加入一些可能被遗漏的变量以检验结果的稳定性。检验结果如表 4 – 15 所示。在表 4 – 15 的第 2 列与第 3 列中，加入了机构投资者持股比例变量（IQ）。在第 4 列与第 5 列中，加入企业公司治理指数变量（SCORE）。在第 6 列与第 7 列中，加入了企业盈利能力变量（ROE）。在第 8 列与第 9 列中，同时加入了上述三个变量。表 4 – 15 中的第 1 ~ 8 列的回归结果表明，CSR01 与 CSRSCORE 的系数都在 1% 的水平上显著为负。这表明，加入上述变量不影响前面的回归结果。

表 4 – 15　　　　　　　　　遗漏变量处理后回归结果

变量	模型（1） CS	模型（2） CS	模型（3） CS	模型（4） CS	模型（5） CS	模型（6） CS	模型（7） CS	模型（8） CS
CSR01	– 0.397 *** （– 4.12）		– 0.413 *** （– 3.91）		– 0.441 *** （– 4.43）		– 0.497 *** （– 4.33）	
CSR SCORE		– 0.006 *** （– 3.04）	– 0.006 *** （– 3.02）	– 0.006 *** （– 3.02）		– 0.005 * （– 1.93）		– 0.005 * （– 1.72）

续表

变量	模型（1）CS	模型（2）CS	模型（3）CS	模型（4）CS	模型（5）CS	模型（6）CS	模型（7）CS	模型（8）CS
IQ	− 0.069 *** （− 5.07）	0.068 *** （− 4.24）						
SOCRE			− 0.031 ** （2.13）	− 0.022 ** （2.01）			− 0.009 ** （− 1.92）	− 0.013 * （− 1.76）
ROE					− 0.017 *** （− 4.33）	− 0.017 *** （− 4.35）	− 0.013 *** （− 3.61）	− 0.020 *** （− 3.88）
CONTROL	控制	控制	控制	控制	控制	控制	控制	控制
样本数	553	553	553	553	553	553	553	553
Adj_R^2	0.433	0.423	0.422	0.429	0.431	0.433	0.441	0.433

注：***、**与*分别表示系数在1%、5%与10%的水平上显著。括号内为系数的 t 值，t 值来源于 Hubei-white robust and cluster 调整的混合回归。为了节省篇幅，表格没有一一列出控制变量结果。如果需要，可向作者索取，下面表格类似。

在表4－16中，本节研究采用工具变量的方法来进行内生性处理，这也能克服双向因果对于本节研究估计结果的影响。林等（Lin et al.，2011）认为，如果内生性问题只存在于企业层面，而不是行业或区域层面，那么行业或区域特有的成分仅仅影响单个企业增长的因素。所以，在研究相关治理问题时，将样本按照行业和地区进行分类组合，每个样本必然落在一个行业/地区组合中。可以计算这个行业/地区的平均值，以作为该企业变量的工具变量。基于林等（2011）的思路，在表4－16中的第2列中，本节研究使用行业平均 CSRSCORE 作为企业个体 CSRSCORE。在表4－16的第3列中，采用2SLS来检验 CSRSCORE 与 CS 之间的关系。这里的外生变量选取行业集中度（CR5）、企业营业利润率（YYLRL）、机构投资者比例（IQ）以及企业治理水平（SCORE）。表4－16的第4列采用2SLS来检验 CSR01 与 CS 之间的关系，但在第3列的外生变量之外，增加了一个 LAMBDA 指标，以克服样本的选择性偏差。

表4-16 内生性处理后回归结果

变量	CS 行业 IV	CS 2SLS		CS 2SLS		CS PSM	CS PSM
		1阶段	2阶段	1阶段	2阶段		
MCSRSCORE	-0.071*** (-2.33)						
CSRSCORE			-0.255** (-2.31)				-0.087*** (-4.11)
CSR01					-1.334* (-1.97)	-0.502*** (-3.77)	
IQ		0.019** (2.33)		0.008** (2.01)			
SCORE		0.356** (1.97)		0.322* (1.97)			
CR5		-0.157* (-1.78)		-0.933* (-1.79)			
YYLRL		-0.143 (-0.11)		0.633 (1.01)			
LAMBDA					-0.331 (-0.98)		
年份	不控制	不控制	控制	不控制	控制	控制	控制
行业	不控制	不控制	控制	不控制	控制	控制	控制
样本数	553	553	553	553	553	553	553
Adj_R²	0.343	0.123	0.213	Wald=211.3		0.497	0.435

注：***、**与*分别表示系数在1%、5%与10%的水平上显著。括号内为系数的t值，t值来源于 Hubei-white robust and cluster 调整的混合回归。

企业是否实施企业社会责任有可能是因为受到一些企业特征因素的影响。这些特征因素可能包含在式（4-11）的残差中，并导致先前关于企业社会责任与债券融资成本之间的关系是虚假的。本节研究采用倾向值匹配方法（PSM）来控制这一可能的影响。但是，与以往 PSM 技术（比较控制组与配对组均值差异的方法）的不同，本节研究采用同年度同行业同规模的标准，采用最近的倾向匹配得分技术（PSM），1:1 寻找实施社会责任企业的对照样本。然后利用式（4-11）进行回归，回归结果如表4-16 中第5列与第6列所示。

表4-16 的回归结果表明，三个工具变量以及 PSM 配对分析下的企业

社会责任变量系数都在1%的水平上显著为负，也就是说，企业实施社会责任或者实施社会责任得分越多，企业债务融资成本越低。因此，表4-16的回归结果表明，本节研究表4-16的检验结果不存在，因为内生性问题而引起的偏差。

（2）其他稳健性测试。第一，已有研究表明，企业承担社会责任的程度可能随着行业的不同而变化（Waddock and Graves, 1997; McWilliams and Siegel, 2001）。因此，本节研究采用行业调整的CSRSCORE进行研究。本节研究将各企业的CSRSCORE与行业CSRSCORE相减得到TCSRSCORE变量。把TCSRSCORE代入原模型进行回归，结果如表4-17的第2列所示，TC-SRSCORE变量系数在1%的水平上显著，说明本节研究的结果是稳健的。

第二，最近一系列理论文章试图了解信用利差与宏观经济风险之间的联系。比如，唐和严（Tang and Yan, 2006）使用公司现金流量作为宏观经济风险的替代变量，研究了企业信用利差的动态效应，并发现，企业现金流变量的加入能够显著提高拟合违约概率和信用利差的精度。所以，本节研究在原模型中加入国内生产总值（GDP）的增长率变量，结果如表4-17的第3列与第4列所示。CSRSCORE与CSR01变量的系数均在1%的水平上显著，说明本节研究表4-12的检验结果是稳健的。

表4-17 　　　　　　　　　　　其他稳健性测试

变量	行业均值调整	加入GDP增长率	加入GDP增长率
	CS	CS	CS
TCSRSCORE	-0.045 *** (-3.17)		
CSRSCORE		-0.049 *** (-3.81)	
CSR01			-0.541 *** (-4.77)
GDPrate		-1.413 *** (-3.44)	-1.414 *** (-3.13)
CONTROL	控制	控制	控制
样本数	533	533	533
Adj_R^2	0.411	0.477	0.479

注：*** 、** 与 * 分别表示系数在1%、5%与10%的水平上显著。括号内为系数的t值，t值来源于Hubei-white robust and cluster调整的混合回归。

五、结论

本节以中国债券市场发债的沪市上市公司为样本，研究了企业社会责任与企业债务融资成本之间的关系，并且得到了以下主要结论：第一，在其他条件相同的情况下，同没有承担社会责任的企业相比，承担社会责任的企业的债务融资成本较低；企业承担社会责任越多，债务融资成本更低；企业社会责任的各个组成部分也与企业债务融资成本显著负相关。第二，当企业的公司治理越弱时，承担社会责任更有助于债务融资成本。第三，机构投资者持股比例越高，承担社会责任降低企业融资成本的作用越小。本节的研究结果表明，企业能够从承担社会责任中获得收益。上述结果从与财务业绩关系的角度为企业社会责任提供了实证支持证据。

此外，本节研究发现，在公司治理质量较弱的环境下，企业社会责任更有助于降低企业的债务融资成本，这意味着企业社会责任可能具有作为外部公司治理机制的作用。对这一问题的深入探讨将有助于进一步了解企业社会责任对公司的价值。

第三节 企业社会责任与债券信用风险关系的影响机制

一、引言

自 1981 年恢复国债发行以来，中国的债券市场已经发展了 30 多年。其间，企业债券与公司债券市场获得了稳定的发展（以下企业债券与公司债券都统称为"企业债券"）。随着中国公司债券市场的发展壮大，关于债券与债券市场发展的相关问题已成为学术研究的重要问题。

发行债券是企业主要的融资方式之一。债券信用利差体现着企业的债权融资成本。降低债券信用利差是企业财务管理的主要任务之一，因此，研究债券信用利差的影响因素，以帮助企业降低资本成本则是财务管理学的重要研究内容。现有研究（周宏、林晚发与李国平，2014）从不同角度研究了企业债券信用利差的影响因素。

有研究表明，企业社会责任有助于降低企业的资本成本（李国平与韦晓茜，2014；李国平、张倩倩与周宏，2014）。但是，现有相关文献主要是研究企业社会责任与权益资本成本之间的关系（Dhaliwal et al.，2011；El Ghoul et al.，2011），而很少关注企业社会责任与债务融资成本之间的关系。研究企业社会责任与债务融资成本之间关系的文献也大多是研究银行信贷成本的（Goss and Roberts，2011）。

　　本节研究的目的之一是，在现有关于债券信用利差影响因素研究与企业社会责任研究的基础上，研究企业社会责任与企业债券信用利差之间的关系；目的之二是，检验企业社会责任影响债券信用利差的机制之一，即企业社会责任通过降低企业与市场之间的信息不对称而降低债券信用利差。以 2010～2013 年的中国沪深两市发债上市公司为研究对象，本节研究发现，首先，承担社会责任能够显著降低发债企业的债券信用利差；企业社会责任的 5 个方面（环境、员工、消费者、社区与其他利益相关者）均与发债企业债券信用利差之间呈显著负相关关系，而发债企业对社会责任不同方面关注的越多，企业债券信用利差越低。其次，同国有企业相比，承担社会责任降低债券信用利差的作用在民营企业中更显著。最后，本节研究验证了企业社会责任会通过降低信息不对称来减少债券信用利差这一理论机制。

　　本节研究的贡献主要有以下两个方面：第一，现有关于企业社会责任与企业资本成本关系的研究主要集中在对企业社会责任与股权资本成本或银行信贷成本之间关系的研究，而企业社会责任与债券资本成本之间的关系则很少受到关注。周宏等（2014）从公司治理的角度研究了企业社会责任与债务融资成本之间的关系，本节在此研究的基础上，着重从信息不对称的角度研究了企业承担社会责任对于企业债券溢价的影响，从而进一步解释了"信用利差之谜"。第二，本节研究结合中国这一全球主要转轨经济的现实情况，研究了企业社会责任对国有企业、民营企业两种不同产权性质企业的信用利差的影响，本节的研究为了解转轨经济下，不同产权性质企业履行企业社会责任的目的与价值提高了实证视角，也为不同产权性质的企业如何履行企业社会责任、以提高企业财务业绩提供了实证依据。

　　本节其他部分安排如下，第二部分为理论分析与研究假设的提出；第三部介绍本节的研究样本、数据来源、研究模型及变量定义；第四部分为本节的实证分析与稳健性检验；第五部分为本节的主要结论。

二、理论分析与研究假设

西方学术界将具有相似特征的企业债券和无风险债券的收益率之间的差额称为债券信用利差（Rocha and Garcia，2005）。布朗（Brown，2001）认为，利差主要由流动性溢价、预期违约风险造成的违约损失和风险溢价三个重要部分组成。

影响企业资本成本的因素有很多，而这些因素包括企业与投资者之间的信息不对称程度、企业的公司治理质量、企业的非系统性风险，等等。作为企业债权融资成本的体现之一，债券信用利差也受到上述因素的影响。发债企业承担社会责任可以通过降低企业与投资者之间的信息不对称程度等机制而有助于降低企业的信用利差。

首先，企业社会责任可以通过降低信息不对称来减少债券信用利差。信息不对称对资产价格的影响已为大量的研究所证实。例如，达菲和兰多（2001）、周宏等（2014）与林晚发等（2013）认为，信息不对称水平越高，债券的融资成本越大。履行社会责任比较好的企业会披露更多的信息，增强企业的透明度，而且能够吸引更多的分析师的关注，从而降低企业与资本市场之间的信息不对称（Richardson and Welker，2001；Gelb and Strawser，2001；Dhaliwal et al.，2011；Eccles，et al.，2012）。履行社会责任较好的企业会释放出社会责任信号，提高企业的社会影响力，吸引投资者与分析师的注意，降低企业信息不对称程度。理查森和韦尔克（Richardson and Welker，2001）最早构建相关模型，分析企业社会责任信息披露对资本成本的影响。

其次，企业社会责任可以降低企业的非系统风险而降低债券信用利差。付（Fu，2009）发现，在资产定价过程中，市场可能将非系统风险考虑在内。大量研究（Goss and Roberts，2011；Luo and Bhattacharya，2009；Mishra and Modi，2013；Sun and Cui，2014）发现，积极履行社会责任能够帮助企业显著性降低各种非系统性风险。被消费者起诉属于企业的非系统性风险，而格沙和戈登（Gossa and Gordon，2011）发现，企业社会责任能够帮助企业降低被消费者等起诉的法律风险。洪和凯帕克茨克（Hong and Kacperczyk，2009）发现，烟草企业等企业面临较大的诉讼风险，而履行企业社会责任有助于降低被起诉的风险。

最后，企业社会责任可以通过降低融资约束来减少债券信用利差。融资约束会影响企业的资本成本。当一个企业存在融资约束时，企业的经营状况将面临风险。此时，投资者会要求较高的必要报酬率，提高资本成本，增加债券信用利差。成等（Cheng et al.，2014）发现承担社会责任的企业会通过降低代理成本和信息不对称来降低企业的融资约束。此时，企业社会责任会通过降低融资约束来减少债券信用利差。

基于上述文献与理论分析，本节提出第一个研究假设 H1：

H1：发债企业承担社会责任能够显著降低其债券信用利差，并且发债企业对社会责任不同方面关注越多，其债券信用利差越低。

有研究表明，在我国，企业承担社会责任并非完全出于企业的自主意愿，而在一定程度上是政府政治干预的结果。黎文靖（2012）认为，当企业社会责任上升到国家战略发展层面的高度，成为中央政府关注的热点时，企业社会责任就成为官员晋升锦标赛的竞赛标准，此时，我国企业社会责任的承担可能更多地体现了中央政府的意志。在企业社会责任问题上，政府意志对于国有企业与民营企业可能具有不同的影响。

国有企业的目标并非单纯的利益最大化，因为，国有企业在追求经济利益的同时，还需要承担维持经济与社会稳定的责任。这些责任包括稳定经济周期的波动、完成地方财政任务、保护环境、提高员工雇用率等（Bai et al.，2006）。

而民营企业的目标是利润最大化，现有文献研究也证明，民营企业的企业社会责任活动也主要是出于获取经济利益的考虑（如戴亦一等，2014；吴文峰等，2009；余明桂等，2010）。因此，民营企业履行其他形式的企业社会责任也很可能是出于降低融资成本等经济方面的考虑。

基于以上分析，本节提出第二个研究假设 H2：

H2：发债企业承担社会责任降低债券信用利差在民营企业中更显著。

三、研究设计

（一）研究模型与变量定义

为了检验本节的研究假设，本节构建了实证模型（4－12）：

$$CS_{i,t} = \alpha + \beta_1 CSR_{i,t} + \beta_2 SIZE_{i,t} + \beta_3 LEV_{i,t} + \beta_4 CREDIT_{i,t} + \beta_5 AGE_{i,t} + \beta_6 RM_{i,t} + \beta_7 SOE_{i,t} + \beta_8 ROE_{i,t} + YEAR + INDUSTRY + \varepsilon_{i,t}$$

$$(4-12)$$

（1）被解释变量。模型（4－12）中的 CS 为本节研究的解释变量，即企业债券信用利差。CS 为企业债券的到期收益率与相同剩余期限国债收益率之差，具体为与企业债券发行时间相同、到期期限相同的国债 t 年的到期收益率减去 t 年该企业债券的到期收益率之差。所选用的国债数据包含 5、7、10、15、20 年的国债的到期收益率。对于缺失的某年国债的到期收益率，则采用插值法计算得出。

（2）解释变量。模型（4－12）中的 CSR 为本节研究的解释变量，用来衡量企业社会责任。本节采用以下两种方式来衡量企业社会责任：第一，采用虚拟变量法衡量，表示为 CSRDUMMY。具体说，如果企业自愿披露了企业社会责任报告，本节研究则视该企业承担了社会责任，CSR-DUMMY 取 1，否则取 0。第二，借鉴拉尼和理查森（Lanis and Richardson，2012）的研究，首先，本节研究把企业社会责任分为 5 大类：即环境、员工、消费者、社区以及其他利益相关者，分别表示为 CSR1 ~ CSR5；其次，对这个分类进行虚拟变量衡量，即如果企业社会责任报告中有某类内容，则该类赋值为 1；否则取 0；最后，对每类虚拟变量进行加总作为企业社会责任的总得分，表示为 CSRSCORE，CSRSCORE 的值在 0 ~ 5 之间。

（3）控制变量。模型（4－12）中的控制变量包括：企业规模（SIZE），定义为年末总资产的自然对数。一般情况下，企业规模越大，融资约束越小，其违约风险也就越小，债券利差也就越小，因此，预期企业规模与债券利差负相关。企业资产负债率（LEV），定义为年末总负债除以年末总资产。一般情况下，企业杠杆率越大，信用风险就越大，债券利差也就越大，因此，预期企业杠杆率应与债券信用利差正相关。企业债券的债项评级（CREDIT），本节研究对国内评级机构的债项评级进行赋值，具体赋值如下：AAA = 8，AA + = 7，AA = 6，AA - = 5，A + = 4，A = 3，BBB = 2，BB = 1。一般情况下，企业债券的债项评级越高，债券信用越好，其违约的风险也就越小，债券利差也就越小。因此，预期企业债券的债项评级与债券利差负相关。企业债券的剩余期限（RM），定义为债券到期年的年份减去观测年年份。根据和威治和特纳（1999）的研究，债券剩余到期时间越长，不确定性因素就越大，发生违约的可能性就越大，因此，预期企业债券的剩余年限与信用利差应当呈现正相关关系。企业债券已存续年限（AGE），定义为债券发行年年份减去观测年年份。余（2005）认为，一只债券已存续年限越长，它的交易就越不频繁，流动性就越差，因此，债券利差就越大；但从信息不对称的角度来说，一只债券已存续的年限越长，它的已披露的信息就越多，企业债券发行者与投资者之间的信息不对称程度越低，因此，信用利差应该越小。本节研究对债券已存续年限与信用利差的关系不作预期。最后，本节对企业的股权性质进行了控制，由于国有企业存在隐性担保，违约风险相对较低，投资者要求的风险溢价较小，债务的融资成本相对较低。我们设股权性质变量为 SOE，如果企业是国有企业，则定义 SOE = 1，反之，则 SOE = 0。此外，本节研究还控制了年度固定效应（YEAR）、行业固定效应（INDUSTRY）。本节研究主要关注的是模型（4 – 12）中 $CSR_{i,t}$ 的系数 β_1，如果 β_1 显著为负，则表明在其他因素相同的情况下，与没有承担社会责任的企业相比，承担社会责任的企业债券信用利差更低，即本节的研究假设 H1 得到验证。

（二）研究样本与数据来源

本节以 2010 ~ 2013 年沪深两市发债上市公司为研究对象。在获得初始样本后，本节研究剔除以下债券：金融机构发行的债券、境内外同时上市债券、数据缺失和重复债券①。最终的研究样本包括 245 家上市公司发行的 517 个债券②。

本节研究所使用的企业社会责任数据手工收集来自企业的年报及其社会责任报告；债券数据和机构投资者持股比例数据来自 Wind 数据库；企业产权性质数据来自 CCER 数据库；其他数据来自 CSMAR 数据库。

为避免极值的影响，本节研究对所有连续变量都进行了上下 1% 的缩尾处理。

四、实证结果与分析

（一）描述性统计

表 4 – 18 提供了本节研究变量的描述性统计结果。统计结果显示，CS

---

① 重复是指一家上市公司可能在一年中发行两个或两个以上数量的债券；假若存在这种情况，随机去掉一个观测值。

② 本节按照 Wind 数据库的分类，只选择上市公司发的公司债作为研究对象，而没有以企业债作为研究的对象。

的均值为 3.0191，这说明在我国债券市场中，发债上市公司存在债券违约风险。CSRDUMMY 的均值为 0.4623，这说明在 2010~2013 年，我国披露了企业社会责任信息的发债上市公司不到全部上市公司的 50%。CSR1~CSR5 的统计结果与 CSRDUMMY 的统计结果类似。CSRSCORE 的均值为 2.2669，这说明总体而言，在企业社会责任的五个方面中，我国发债企业只关注了其中的大约两个方面。CREDIT 的均值为 6.5435，说明我国发债企业的信用等级平均处于 AA + 区间。AGE 的均值为 1.0309，说明我国发债企业发行债券年份较短。SIZE、LEV 和 ROE 的描述性统计情况与企业的现实情况基本一致。最后，从股权性质 SOE 变量来看，公司发债的企业主要为国有企业。

表 4-18 变量的描述性统计

变量名称	观测值	平均值	标准差	中位数	最小值	最大值
CS	517	3.0191	1.0219	2.8389	1.1911	5.7957
CSRDUMMY	517	0.4623	0.4991	0.0000	0.0000	1.0000
CSRSCORE	517	2.2669	2.4578	0.0000	0.0000	5.0000
CSR1	517	0.4545	0.4984	0.0000	0.0000	1.0000
CSR2	517	0.4623	0.4991	0.0000	0.0000	1.0000
CSR3	517	0.4487	0.4978	0.0000	0.0000	1.0000
CSR4	517	0.4449	0.4974	0.0000	0.0000	1.0000
CSR5	517	0.4565	0.4986	0.0000	0.0000	1.0000
SIZE	517	22.9131	1.0399	22.7637	20.9145	25.8100
LEV	517	0.5599	0.1468	0.5644	0.1973	0.8589
CREDIT	517	6.5435	0.8121	6.0000	4.0000	8.0000
RM	517	4.9478	1.3350	5.0000	2.0000	10.0000
AGE	517	1.0309	1.3890	1.0000	0.0000	12.0000
SOE	517	0.6110	1.0000	0.4877	0.0000	1.0000
ROE	517	7.2480	7.4043	9.1516	-32.1683	29.5169

（二）H1 的实证检验结果

式（4-11）的多元回归结果列示在表 4-19 中，对于表 4-19 的各列结果，因变量都是企业债券信用利差 CS，解释变量为衡量企业社会责任的不同变量。可以发现，CSRDUMMY、CSRSCORE 以及 CSR1 ~ CSR5 的系数基本都是在 5% 的置信水平上显著为负。因此，首先，回归结果说明本节的研究假说 H1 得到了验证，即发债企业承担社会责任能够显著降低其债券信用利差，并且发债企业对社会责任不同方面关注的越多，企业债券信用利差越低，发债企业社会责任的 5 个方面（环境、员工、消费者、社区与其他利益相关者）均与其债券信用利差之间有显著的负相关关系。其次，所有回归结果的拟合优度（Adj – R^2）都超过了 45%，这说明模型（4 – 12）较好地控制了影响企业债券信用利差的因素。

第 1 列 CSRDUMMY 的回归系数为 – 0.232，这说明平均而言，承担社会责任的发债企业债券信用利差比没有承担社会责任的发债企业债券信用利差低 23.42%，这相当于样本均值的 7.68%（23.42%/3.0191）。由于 CSR1 ~ CSR5 的解释与 CSRDUMMY 的解释相似，本节研究以 CSR1 为例进行说明，第 4 列 CSR1 的回归系数为 – 0.223，这说明平均而言，关注环境方面社会责任的发债企业债券信用利差比没有关注环境方面社会责任的发债企业债券信用利差低 22.3%，这相当于样本均值的 7.38%（22.3%/3.0191）。第 3 列 CSRSCORE 的回归系数为 – 0.043，这说明平均而言，发债企业对企业社会责任的关注每增加一个方面，债券信用利差就会降低 4.3%，这相当于样本均值的 1.4%（4.3%/3.0191）。

SIZE 的回归系数均在 1% 的置信水平上显著为负，这说明发债企业规模越大，融资约束越小，其违约的风险也就越小，债券利差也就越小，这与本节研究的预期相符。CREDIT 回归系数均在 1% 的置信水平上显著为负，这说明发债企业债券的债项评级越高，债券信用越好，其违约的风险也就越小，债券利差也就越小，这与本节研究的预期相符。AGE 的回归系数均在 1% 的置信水平上显著为正，这说明一只债券已存续年限越长，它的交易就越不频繁，流动性就越差，因此，债券利差就越大，这与余（2005）的理论一致。SOE 的回归系数均在 1% 的置信水平上显著为负，这说明国有企业的债券融资成本较低，这与本节研究的预期相符。

表 4 - 19   企业社会责任对债券信用利差的影响

因变量→	CS						
自变量↓	模型（1）	模型（2）	模型（3）	模型（4）	模型（5）	模型（6）	模型（7）
CSRDUMMY	-0.232 ** （-2.09）						
CSRSCORE		-0.043 ** （-2.08）					
CSR1			-0.223 ** （-2.15）				
CSR2				-0.232 ** （-2.19）			
CSR3					-0.210 ** （-2.01）		
CSR4						-0.215 ** （-2.02）	
CSR5							-0.210 * （-1.95）
SIZE	-0.240 *** （-3.05）	-0.244 *** （-3.07）	-0.244 *** （-3.05）	-0.240 *** （-3.05）	-0.247 *** （-3.13）	-0.247 *** （-3.16）	-0.249 *** （-3.11）
LEV	0.571 （1.44）	0.578 （1.46）	0.583 （1.47）	0.571 （1.44）	0.596 （1.51）	0.571 （1.43）	0.596 （1.50）
CREDIT	-0.496 *** （-6.25）	-0.496 *** （-6.23）	-0.498 *** （-6.24）	-0.496 *** （-6.25）	-0.496 *** （-6.23）	-0.491 *** （-6.20）	-0.497 *** （-6.22）
RM	-0.034 （-0.78）	-0.035 （-0.81）	-0.034 （-0.78）	-0.034 （-0.78）	-0.036 （-0.82）	-0.039 （-0.88）	-0.035 （-0.81）
AGE	0.130 *** （3.00）	0.130 *** （3.01）	0.131 *** （3.02）	0.130 *** （3.00）	0.131 *** （3.03）	0.130 *** （2.99）	0.130 *** （3.02）
SOE	-0.768 *** （-11.08）	-0.763 *** （-11.06）	-0.765 *** （-11.07）	-0.767 *** （-11.08）	-0.768 *** （-11.08）	-0.766 *** （-11.07）	-0.768 *** （-11.08）
ROE	-0.065 *** （-8.23）	-0.061 *** （-8.11）	-0.062 *** （-8.16）	-0.064 *** （-8.22）	-0.065 *** （-8.23）	-0.061 *** （-8.17）	-0.062 *** （-8.20）
CONSTAN	11.440 *** （7.64）	11.505 *** （7.63）	11.498 *** （7.56）	11.440 *** （7.64）	11.565 *** （7.70）	11.578 *** （7.80）	11.615 *** （7.59）
YEAR	YES	YES	YES	YES	YES	YES	YES
INDUSTRY	YES	YES	YES	YES	YES	YES	YES

因变量→	CS						
自变量↓	模型（1）	模型（2）	模型（3）	模型（4）	模型（5）	模型（6）	模型（7）
N	517	517	517	517	517	517	517
Adj_R^2	0.455	0.454	0.454	0.455	0.453	0.453	0.453

注：＊＊＊、＊＊和＊分别表示回归系数在1%、5%和10%水平显著；括号内为 t 值；回归系数的标准误在公司层面进行了 Cluster 调整。

（三）H2 的实证检验结果

表 4 – 20 是对 H2 的实证检验结果。表 4 – 20 的 Panel A 和 Panel B 分别列示了民营发债企业和国有发债企业的社会责任对债券信用利差影响的回归结果①。在 Panel A 的民营发债企业组，CSRDUMMY、CSRSCORE 以及 CSR1 ~ CSR5 的系数基本都是在 5% 的置信水平上显著为负，而在 Panel B 的国有发债企业组，CSRDUMMY、CSRSCORE 以及 CSR1 ~ CSR5 的系数都不显著，一致的回归结果说明与国有发债企业相比，民营发债企业承担社会责任更能降低其债券信用利差，即本节研究的 H2 得到了验证。

表 4 – 20   不同产权性质下企业社会责任对债券信用利差的影响

Panel A：民营发债企业

自变量	模型（1）	模型（2）	模型（3）	模型（4）	模型（5）	模型（6）	模型（7）
CSRDUMMY	– 0.396 ＊＊ （– 2.36）						
CSRSCORE		– 0.081 ＊＊ （– 2.43）					
CSR1			– 0.399 ＊＊ （– 2.49）				
CSR2				– 0.396 ＊＊ （– 2.36）			
CSR3					– 0.404 ＊＊ （– 2.48）		

---

① 限于篇幅，表 4 – 20 并未列示出控制变量的结果，如若需要，可向作者索取。

Panel A：民营发债企业

自变量	模型（1）	模型（2）	模型（3）	模型（4）	模型（5）	模型（6）	模型（7）
CSR4						−0.396** （−2.36）	
CSR5							−0.396** （−2.36）
控制变量	控制	控制	控制	控制	控制	控制	控制
CONSTANT	11.927*** （5.10）	11.894*** （5.08）	11.891*** （5.07）	11.927*** （5.10）	11.899*** （5.08）	11.927*** （5.10）	11.927*** （5.10）
N	226	226	226	226	226	226	226
Adj_R^2	0.408	0.409	0.409	0.408	0.409	0.408	0.408

Panel B：国有发债企业

自变量	模型（1）	模型（2）	模型（3）	模型（4）	模型（5）	模型（6）	模型（7）
CSRDUMMY	−0.211 （−1.64）						
CSRSCORE		−0.041 （−1.55）					
CSR1			−0.211 （−1.64）				
CSR2				−0.211 （−1.64）			
CSR3					−0.163 （−1.29）		
CSR4						−0.178 （−1.45）	
CSR5							−0.211 （−1.64）
控制变量	控制	控制	控制	控制	控制	控制	控制
CONSTANT	10.081*** （6.04）	10.139*** （6.09）	10.081*** （6.04）	10.081*** （6.04）	10.336*** （6.28）	10.340*** （6.29）	10.081*** （6.04）
N	261	261	261	261	261	261	261
Adj_R^2	0.432	0.431	0.432	0.432	0.428	0.429	0.432

注：***、**和*分别表示回归系数在1%、5%和10%的水平上显著；括号内为t值；回归系数的标准误在公司层面进行了Cluster调整。

（四）企业社会责任影响债券信用利差的机制

本节研究的理论分析部分提出，企业社会责任通过三个机制降低企业债券信用利差。为节约篇幅，本部分选择对降低企业与投资者之间的信息不对称这一机制进行实证检验。本部分的检验方法如下，按照信息不对称程度，将模型（4－12）的回归结果分组；本部分以分析师跟踪人数作为信息不对称的度量，并且认为分析师跟踪人数越多，信息不对称程度越小；分析师跟踪人数越少，信息不对称程度越大。

表4－21 的 Panel A 和 Panel B 分别列示了在不同信息不对称的程度下，企业社会责任对债券信用利差影响的回归结果①。在 Panel A 中，分析师跟踪人数小于年度中位数的组（即信息不对称程度较大的组），CSRDUMMY、CSRSCORE 以及 CSR1～CSR5 的系数基本都是在5%的置信水平上显著为负；在 Panel B 中，分析师跟踪人数大于年度中位数的组（信息不对称程度较小的组），CSRDUMMY、CSRSCORE 以及 CSR1～CSR5 的系数都不显著。这些回归结果说明，企业社会责任可以通过降低信息不对称来减少债券信用利差。

表4－21　　　　企业社会责任、信息不对称与债券信用利差

自变量	模型（1）	模型（2）	模型（3）	模型（4）	模型（5）	模型（6）	模型（7）
	Panel A：分析师跟踪人数小于年度中位数						
CSRDUMMY	-0.348^{***} （-2.85）						
CSRSCORE		-0.071^{***} （-2.92）					
CSR1			-0.359^{***} （-3.15）				
CSR2				-0.348^{***} （-2.85）			
CSR3					-0.337^{***} （-2.83）		
CSR4						-0.321^{***} （-2.65）	

---

① 限于篇幅，表4－21 并未列示出控制变量的结果，如若需要，可向作者索取。

续表

Panel A：分析师跟踪人数小于年度中位数

自变量	模型（1）	模型（2）	模型（3）	模型（4）	模型（5）	模型（6）	模型（7）
CSR5							−0.348*** （−2.85）
控制变量	控制	控制	控制	控制	控制	控制	控制
CONSTANT	11.894*** （6.02）	11.888*** （5.83）	11.796*** （5.91）	11.894*** （6.02）	11.932*** （5.56）	12.180*** （5.79）	11.894*** （6.02）
N	212	212	212	212	212	212	212
Adj_R^2	0.446	0.447	0.448	0.446	0.445	0.443	0.446

Panel B：分析师跟踪人数大于年度中位数

自变量	模型（1）	模型（2）	模型（3）	模型（4）	模型（5）	模型（6）	模型（7）
CSRDUMMY	−0.088 （−0.91）						
CSRSCORE		−0.013 （−0.67）					
CSR1			−0.072 （−0.72）				
CSR2				−0.088 （−0.91）			
CSR3					−0.056 （−0.51）		
CSR4						−0.068 （−0.70）	
CSR5							−0.035 （−0.43）
控制变量	控制	控制	控制	控制	控制	控制	控制
CONSTANT	10.855*** （6.96）	10.959*** （6.93）	10.933*** （6.82）	10.855*** （6.96）	10.999*** （7.11）	10.952*** （7.08）	11.093*** （6.70）
N	305	305	305	305	305	305	305
Adj_R^2	0.483	0.482	0.482	0.483	0.482	0.482	0.482

注：***、**和*分别表示回归系数在1%、5%和10%的水平上显著；括号内为 t 值；回归系数的标准误在公司层面进行了 Cluster 调整。

（五）稳健性检验

表 4 - 19 对 H1 的实证检验结果可能会因为内生性问题而不可靠。本节研究将采用以下方法，处理内生性的问题，以保证实证结果的稳健性。

首先，由于企业社会责任承担可能存在自选择的问题，因此，本节研究对解释变量为 CSRDUMMY 的回归结果进行赫克曼（Heckman）检验，具体结果列示在表 4 - 22 的第 2 列中。检验结果表明，CSRDUMMY 的系数仍然在 5% 的置信水平上显著为负，说明在考虑自选择问题后，表 4 - 19 的 H1 实证检验结果是稳健的。

其次，本节研究采用工具变量来进行内生性处理。林等（Lin et al.，2012）认为，如果内生性问题只存在于企业层面，而不是行业或区域层面，那么提出行业或区域特有的成分仅仅影响单个企业增长的因素。在研究相关问题时，将样本按照行业和地区进行分类组合，每个样本必然落在一个行业/地区组合中。因此，可以计算这个行业/地区的平均值，以作为该企业变量的工具变量。基于林等（Lin et al.，2012）的思路，本节研究使用行业平均企业社会责任得分 MCSRSCORE 作为企业社会责任得分 CSRSCORE 的工具变量对模型（4 - 9）进行回归。结果列示在表 4 - 22 的第 4 列和第 5 列，可以发现，CSRSCORE 的系数仍然在 5% 的置信水平上显著为负。

最后，模型（4 - 12）可能存在遗漏变量，而遗漏变量可能导致表 4 - 19 的企业社会责任与债券融资成本之间的关系是虚假的。本节研究采用倾向值匹配方法（PSM）来控制可能的遗漏变量问题。具体而言，本节研究采用同年度同行业同规模的标准，1∶1 寻找实施社会责任企业的对照样本。然后对式（4 - 9）进行回归，回归结果见表 4 - 22 中的第 6 列与第 7 列。回归结果表明，CSRDUMMY 的系数仍然在 5% 的置信水平上显著为负，而 CSRSCORE 的系数在 1% 的置信水平上显著为负。

表 4 - 22 的回归结果表明，在考虑了内生性与遗漏变量问题后，企业社会责任变量的系数仍然在 5% 或者 1% 的置信水平上显著为负，这说明本节研究对 H1 的实证结果是稳健的。

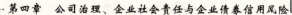

表 4 - 22　　　　企业社会责任对债券信用利差影响的稳健性检验

稳健性检验	Heckman 检验		工具变量		PSM	PSM
因变量→	CSRDUMMY	CS	CSRSCORE	CS	CS	CS
自变量↓	模型 (1)	模型 (2)	模型 (3)	模型 (4)	模型 (4)	模型 (5)
CSRDUMMY		- 0. 218 ** (- 1. 99)			- 0. 196 ** (- 2. 00)	
CSRSCORE				- 0. 055 * (- 1. 86)		- 0. 039 * (- 1. 95)
MCSRSCORE			0. 818 *** (23. 80)			
SIZE	0. 790 *** (6. 19)	- 0. 047 (- 0. 28)	0. 334 *** (2. 85)	- 0. 327 *** (- 3. 31)	- 0. 221 *** (- 3. 22)	- 0. 222 *** (- 3. 23)
LEV	- 2. 650 *** (- 3. 21)	0. 070 (0. 12)	- 0. 720 (- 1. 00)	1. 108 * (1. 93)	0. 741 ** (1. 99)	0. 741 ** (1. 99)
CREDIT		- 0. 479 *** (- 5. 93)	- 0. 036 (- 0. 32)	- 0. 518 *** (- 5. 32)	- 0. 429 *** (- 5. 63)	- 0. 428 *** (- 5. 63)
RM		- 0. 036 (- 0. 81)	0. 054 (0. 73)	- 0. 061 (- 1. 03)	- 0. 011 (- 0. 28)	- 0. 012 (- 0. 30)
AGE		0. 123 ** (2. 55)	0. 009 (0. 14)	0. 137 *** (3. 34)	0. 126 *** (2. 81)	0. 126 *** (2. 81)
SOE	0. 012 ** (2. 12)	- 0. 763 *** (8. 02)	0. 124 (1. 45)	- 0. 713 * (6. 93)	- 0. 746 * (8. 12)	- 0. 742 * (8. 12)
IQ	0. 568 (1. 49)					
CR5	- 0. 075 (- 0. 15)					
ROE	- 0. 545 (- 0. 78)			- 0. 060 *** (- 5. 12)	- 0. 064 *** (- 7. 97)	- 0. 064 *** (- 7. 96)
λ		0. 465 (1. 42)				
CONSTANT	- 16. 292 *** (- 6. 29)	6. 901 * (1. 82)	- 5. 146 ** (- 2. 17)	13. 214 *** (7. 08)	9. 901 *** (7. 20)	9. 911 *** (7. 21)
YEAR	YES	YES	YES	YES	YES	YES
INDUSTRY	YES	YES	YES	YES	YES	YES
N	510	510	517	517	388	388
Adj_R²	0. 191	0. 459	Wald = 194. 6		0. 479	0. 478

注: *** 、** 和 * 分别表示回归系数在 1%、5% 和 10% 的水平上显著; 括号内为 t 值; 回归系数的标准误在公司层面进行了 Cluster 调整。

五、结论

本节以我国 2010～2013 年沪深两市发债上市公司为研究对象，探讨了我国发债企业承担社会责任与其债券信用利差之间的关系，并得到了以下主要结论：第一，发债企业承担社会责任能够显著降低其债券信用利差，并且发债企业对社会责任 5 个方面（即环境、员工、消费者、社区与其他利益相关者）关注的越多，企业债券信用利差越低，发债企业社会责任的 5 个方面（环境、员工、消费者、社区与其他利益相关者）均与其债券信用利差之间有显著的负相关关系。第二，本节研究了承担社会责任对国有企业、民营企业两类不同产权性质企业的债券信用利差的影响，并且发现在其他因素相同的情况下，同国有企业相比，民营企业承担社会责任更有助于降低其债券信用利差。第三，本节研究验证了企业社会责任会通过降低信息不对称来减少债券信用利差这一理论机制。本节的研究结果从债券融资成本的角度为企业通过承担社会责任以降低融资成本、提高财务绩效提供了实证证据。

第五章

政府监管、媒体监督与
企业债券信用风险

在债券市场中，一方面，投资者作为委托人地位相对弱势，无法像组织所有者一样进行契约设计，其所能提供的激励方式也非常有限。另一方面，政府在债券市场监管中也有非常重要的作用。而发债企业与评级机构之间的串谋是其中重要的风险监管点。市场中参与串谋的评级机构数量反映串谋风险的大小，而参与串谋的评级机构数量与行业内评级机构的总数量相关。政府能够通过新设、兼并、重组等方式对评级机构总数量进行选择。因此，本章以评级机构与发债企业的串谋行为为切入点，分析政府选择评级机构的数量对企业债券信用风险监管的影响。

在一些法律制度弱的地区，媒体监督功能能够在一定程度上弥补法律制度的缺失。中国公司治理机制尚存在很多不足，媒体监督是否存在公司治理效应，本章将实证分析媒体监督对企业资本成本的影响。

第一节　评级机构数量选择与企业债券信用风险监管

一、引言

串谋是私下法外的安排，其中代理人同意采取非委托人的意图的行动（Stanley et al. , 1991）。高恩（GONE）理论认为，代理人是否参与串谋活动，主要受到四个因素的影响：贪婪（greed）、机会（opportunity）、需要（need）、暴露（exposure）（Bologua et al. , 1993）。本特（Bente, 1995）用行动向量衡量串谋行为，认为如果行动使串谋者获得超过预期效用的收益，则串谋有可能发生。串谋行为对经济组织和资本市场都会造成严重损害。从本质上说，串谋行为损害了信息传递的真实性和有效性，从而造成了激励机制的扭曲和无效，而激励机制的失效又会降低资源配置的效率，最终造成社会福利的损失（陈志俊和邹恒甫，2002）。在一个组织内部，委托人与代理人之间存在着信息不对称。为了获得真实的信息，委托人可以选择给予代理人一定的信息租金使之说真话，但是如果组织中有多个代理人，就要考虑代理人之间串谋的问题（Laffont，1990；Laffont and Martimort，1997）。委托人也可以选择雇用监督者对代理人的工作进行监督，但也可能出现代理人与监督者的串谋问题（Tirole，1986）。无论是哪种形式的串谋，都意味着委托人无法获得真实信息，从而无法甄别优秀的代理人，导致优秀的代理人被挤出。在资本市场中，也存在类似的信息不对称，串谋亦会造成类似损害。一是因信息不对称带来的投资者损失。以评级机构与发债企业的串谋为例，债权投资者委托评级机构对发债企业进行评估审核，旨在通过其提供的评估报告判断债券质量，消除信息不对称。如果评级机构与发债企业之间进行勾结，投资者将无法实现预期目标。在某些情况下，评级机构不仅不会揭发发债企业的问题，甚至会帮助其修改掩饰，加剧信息不对称。在此情况下，投资者依照评估结果进行投资将遭受损失。二是因逆向选择效应带来的市场发展制约。仍举上例，投资者由于无法判断评估结果的准确性，将以平均价格对债券定价，这就必然会导致质量良好的债券价格低估，最终退出债券市场，即"驱除良币"效应。随着这种逆向淘汰的不断进行，市场上将会只剩下质量较差的债券，最终沦为"柠檬市场"，其发展将受到严重制约。

鉴于此，许多学者对规避串谋行为进行了大量研究。安特尔（Antle，1984）在研究审计独立性时指出，如果审计者不能很好地保持独立性，与代理人发生串谋，其声誉会受损，在多期框架下将会承担业务减少的损失，这是串谋风险规避的一次良好探索。蒂罗尔（Tirole，1986，1992）研究了委托人/监督者/代理人关系中的串谋问题，提出串谋激励相容约束（collusion incentive constraint），即应当向监督者支付一定的报酬，该报酬应当不少于串谋收益，从而消除监督者的串谋积极性。同时还提出通过工作轮换的方法来减小串谋发生概率，在长期重复工作中容易产生串谋，但是该策略成本较高。考夫曼和罗尔利（Kofman and Lawarree，1993）认为可以将监督系统分成内部监督和外部监督，指出尽管外部监督获得的信息少于内部监督者，但是如果外部监督更不易被代理人俘获，那么应当使用外部监督机制。这种双效监督的基本原理是通过建立另一个信息源来控制串谋风险的。拉丰特和马蒂莫（Laffont and Martimort，1997）提出为委托人设计匿名契约（anonymous contract）来防止串谋。拉丰特、福尔—格里莫和马蒂莫（Laffont，Faure - Grimaud and Martimort，2001）提出，在委托人/监督者/代理人关系中，在集权机制下，当串谋问题不容忽视时，委托人通过分权，让监督者设计与代理人之间的激励契约能够实现最优的配置。

尽管已经有较多文献研究串谋的规避方法，但讨论范围集中在一个经济组织内部。一方面，这些方法对债券市场的串谋风险规避未必适用。在债券市场中，投资者作为委托人地位相对弱势，无法像组织所有者一样进行契约设计，其所能提供的激励方式也非常有限。另一方面，政府在债券市场监管中也有非常重要的作用。政府并不在传统的委托人/监督者/代理人模型中，具有很强的中立性，而且其所拥有的行政权力可以从整体上对市场进行监管。因此，应当将政府作为债券市场串谋风险控制的重要力量。

2011 年中国债券市场发生了"滇公路""湖南高速"等事件，反映出在快速发展中逐渐暴露的风险隐患。而发债企业与评级机构之间的串谋是其中重要的风险监管点。市场中参与串谋的评级机构数量反映串谋风险的大小，而参与串谋的评级机构数量与行业内评级机构的总数量相关。政府能够通过新设、兼并、重组等方式对评级机构总数量进行选择。因此，从政府对评级机构的数量选择角度出发研究串谋风险的监管，为串谋风险监管的研究提供了新的视角。

本节其他部分安排如下：第二部分为理论分析评级机构的数量选择与串谋风险的关系；第三部分是本节研究的结论。

二、理论分析

本部分主要通过建立博弈模型来分析评级机构的数量选择与串谋风险的关系。根据 GONE 理论，串谋之后暴露的可能性会影响串谋的实施。在债券发行过程中，监管机构要对评级机构上报的材料进行审核，通过后予以发行。由于行政资源有限，当上报的材料数量较多时，监管机构无法把材料的真实性全部彻底地进行检查，故有一些经串谋修改后的材料将不会暴露，形成串谋空间。评级机构的数量越多，某一家进行串谋后暴露的可能性就越小，故敢于参与串谋的评级机构数量就越多，串谋风险也越大。因此，从理论上讲，串谋风险的大小与评级机构的总数量是正相关的。中国主要通过政府机构颁布的相关政策来设置评级机构的准入许可[①]，对其数量进行选择，从而控制串谋风险。本节运用博弈论方法对各方行为进行刻画并对结果加以预测。对于博弈各方来说，都从自己的角度出发追求利润最大化，以此作为行动的依据。

对于评级机构来说，只有当其认为串谋的期望收入大于其承担的风险成本时，才会发生串谋。串谋带来的收入来自向不合格发债企业收取的额外费用，成本是监管机构发现后对其的罚金。显然，罚金水平越高，敢于串谋的评级机构数量越少。在评级机构数量为 $i(i=1,2,3,\cdots)$ 的情况下，存在一个最低的罚金水平 c_i^*，使得没有评级机构敢于串谋。此罚金水平与该数量下的串谋风险是对应的，故可以通过分析最低罚金水平来分析不同评级机构数量下的串谋风险。根据以上分析，本节研究提出如下假设[②]。

H1：每年新增发债企业为数量 n，所有的债券都需要经过评级机构的审核才能上市。其中占比为 q 的债券需要进行串谋才能够发行[③]。

H2：每次串谋企业需向评级机构支付费用 s。

H3：监管机构会在每期期末对评级机构进行检查，能够查出串谋的概率为 $p_查$。一旦查出，将会对评级机构处以没收串谋所得并罚款 c。

H4：当串谋的期望收益为 0 时，评级机构将出于对自己声誉的考虑不会去冒险串谋。

基于上述假设，下面分别分析市场上存在一至三家评级机构时串谋风险的大小，以及评级机构的最优数量水平。

（一）市场上只存在一家评级机构

在上述假设下，评级机构的串谋期望收益 $E(W)=qns\times(1-p_查)-c\times p_查$。因此，当 $E(W)>0$，即 $\dfrac{qns(1-p_查)}{p_查}>c$ 时，评级机构将会选择串

---

① 例如，2003 年保监会发布的《保险公司投资企业债券管理暂行办法》，相继认可了 5 家评级公司，规定保险公司可以买卖经该 5 家评级机构评级在 AA 级以上的企业债券；国家发改委要求企业债券必须经过 2000 年以来承担过国务院特批企业债券评级业务的评级机构评估。

② 这些假设在不同的评级机构数量下都适用。

③ 此处也包括不符合某一信用等级的债券通过串谋达到该等级。

谋。故当市场上只存在一家评级机构时，$c_1^* = \dfrac{qns(1 - p_{查})}{p_{查}}$。如图 5 - 1 所示。

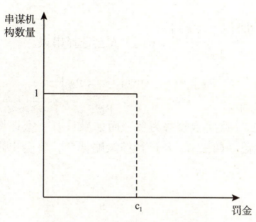

图 5 - 1　市场上存在一家评级机构

（二）市场上存在两家（A、B）评级机构

进一步提出如下假设：

H5：监管机构出于监督成本考虑，仅对其中一家进行检查，评级机构的选择是随机的[①]，并且查出的概率仍为 $p_{查}$，处罚为没收串谋所得并罚款 c。

H6：两家评级机构间完全独立，没有任何联系。

在上述假设下，如果两家评级机构都选择串谋，则串谋期望收益均为 $E(W) = \dfrac{1}{2}qns \times \left(1 - \dfrac{1}{2}p_{查}\right) - c \times \dfrac{1}{2}p_{查}$，此时不具备资格的企业选择任何一家评级机构都可以完成发债，故两家评级机构平均分享串谋的额外收益。故当 $E(W) > 0$，即 $\dfrac{qns\left(1 - \dfrac{1}{2}p_{查}\right)}{p_{查}} > c$ 时，评级机构会选择串谋。

---

① 现实中不同评级机构间是存在差异的，监管机构不会随机检查，而是会依照不同概率 p 检查各机构。但是这本质上与随机检查是一致的，随机检查可以看做以 p = 1/n 检查各机构。因此，为了分析简便，此处假设是随机的，即各机构被检查的概率是相同的，为 1/n，其中 n 是评级机构的数量。

如果两家评级机构中有一家选择串谋，另一家不串谋，不妨设 A 串谋，B 不串谋。在此情况下，不具备资格的企业将全部选择 A 完成发债，此时 A 的串谋期望收益为 $E(W_A) = qns \times \left(1 - \frac{1}{2}p_{\text{查}}\right) - c \times \frac{1}{2}p_{\text{查}}$。故 $E(W_A) > 0$，即 $\dfrac{2qns\left(1 - \frac{1}{2}p_{\text{查}}\right)}{p_{\text{查}}} > c$ 时，A 会选择串谋。

令 $c_1 = \dfrac{qns\left(1 - \frac{1}{2}p_{\text{查}}\right)}{p_{\text{查}}}$，$c_2 = \dfrac{2qns\left(1 - \frac{1}{2}p_{\text{查}}\right)}{p_{\text{查}}}$，当罚金 $c_1 < c < c_2$ 时，A、B 同时串谋会导致期望收益为负，而如果只有一家评级机构串谋，可以获得正期望收益。如果 A、B 进行纯策略博弈，将会出现如下结果，如图 5 -2 所示。

B

	串谋	不串谋
串谋	(a_1, b_1)	$(a_2, 0)$
不串谋	$(0, b_2)$	$(0, 0)$

（左侧标注 A）

图 5 -2　纯策略博弈结果

其中 $a_1 < 0$，$b_1 < 0$；$a_2 > 0$，$b_2 > 0$。

根据上述结果，在纯策略博弈中，存在两个均衡点，即（A 串谋，B 不串谋）和（A 不串谋，B 串谋）。但是由于 A、B 在博弈开始时无法进行沟通，因而无法确定哪个博弈结果会出现，这两个均衡是不对称的。因此，应当寻找混合策略模型的均衡，即 A、B 依照一定概率来选择串谋或不串谋。

假设 A 选择串谋的概率为 θ_A，B 选择串谋的概率为 θ_B。对于 A 来说，有

$$\pi_A = \theta_A[a_1 \times \theta_B + a_2 \times (1 - \theta_B)] + (1 - \theta_A)[0 \times \theta_B + 0 \times (1 - \theta_B)]$$

$$\frac{\partial \pi_A}{\partial \theta_A} = a_1 \times \theta_B + a_2 \times (1 - \theta_B) = 0$$

$$\theta_B = \frac{a_2}{a_2 - a_1}$$

同理可得 $\theta_A = \frac{b_2}{b_2 - b_1}$。当 A、B 选择串谋的概率分别为上述结果时形成均衡，该均衡是对称的。进一步计算可得 $a_1 = b_1$，$a_2 = b_2$，代入得 $\pi_A = \pi_B = 0$。因此，当 $c_1 < c < c_2$ 时，评级机构串谋的期望收益均为 0，将不会冒险串谋。故只需要将惩罚力度设置为 c_1 水平，即可防止所有的串谋出

现，即 $c_2^* = c_1 = \frac{qns\left(1 - \frac{1}{2}p_查\right)}{p_查}$。

比较上述两种情形可知 $c_2^* > c_1^*$，即串谋风险增加，监管机构需要提高惩罚水平才能遏制串谋的发生。如图 5-3 所示。

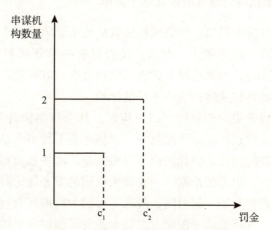

图 5-3 市场上存在两家评级机构

（三）市场上存在三家评级机构

当市场上存在三家评级机构 A、B、C 时，分析的过程与前述一致，首先，应当确定市场可能存在串谋的评级机构数量，分别确定防范该种可能所需要设定的最小罚金。

具体计算步骤不再赘述，可以确定防止三家串谋的最小罚金为 $c_1 = \frac{qns\left(1 - \frac{1}{3}p_查\right)}{p_查}$，防止两家串谋的最小罚金为 $c_2 = \frac{\frac{3}{2}qns\left(1 - \frac{1}{3}p_查\right)}{p_查}$，防止

一家串谋的最小罚金为 $c_3 = \dfrac{3qns\left(1 - \dfrac{1}{3}p_查\right)}{p_查}$。当 $c > c_1$ 时，会出现不对称的纯策略均衡和对称的混合策略均衡。根据混合策略均衡求得的最小罚金

为 $c_1 = \dfrac{qns\left(1 - \dfrac{1}{3}p_查\right)}{p_查}$。故市场上存在三家评级机构时，最小罚金 $c_3^* =$

$c_1 = \dfrac{qns\left(1 - \dfrac{1}{3}p_查\right)}{p_查}$。由此可知，$c_3^* > c_2^* > c_1^*$，说明随着评级机构数量的增加，串谋风险增加。因此，政府应当减少行业内评级机构的数量以控制串谋风险。

（四）评级机构的数量的最优水平分析

从前文的分析中得出，评级机构的数量与串谋风险的大小呈正相关关系，即数量越多，风险越大。那么，是否只有一家评级机构是最优选择呢？本节研究认为，如果市场上的评级机构过少，有可能出现评级机构的垄断现象，增加寻租风险和竞争不足的风险。

当市场上仅有很少数量的评级机构时，其会自然拥有渠道垄断优势，并会因此掌握定价权。在这种情况下，发债企业不得不满足其提出的价格要求，支付更高的费用，因此，产生寻租问题。即使通过行政干预的方式控制了价格水平，也无法消除。一家评级机构的业务能力是有限的，且每一单业务的完成都需要一定时间，故其不可能为每期所有符合条件的发债企业提供服务，这就形成了配额。发债企业为了能够及时得到融资，有激励去向其支付额外的费用。这种支付并不一定直接通过劳务报酬进行，亦可能通过礼金、招待等其他方式进行。但无论以何种方式，都增加了发债企业的融资成本，造成了融资效率的低下。

另外，评级机构之间缺乏竞争，不利于债券市场的发展。首先，这些评级机构没有激励和动力去提高业务能力，而是利用垄断资源坐享其成。因为其无需担心客户的缺失。其次，评级机构数量过少不利于评级的客观性和公允性。其后果就是评级机构可以随意调整评级，从而破坏市场秩序。国际三大评级机构在 2008 年金融危机中的表现饱受诟病，与其垄断地位关系密切。

当市场上的评级机构数量增加时，发债企业有更多的选择，寻租风险

会降低，评级机构之间的竞争也将加强。因此，从这个角度来说，评级机构数量越多，越有利于控制寻租风险，增加竞争性，故有利于债券市场的发展。

图5-4描述了串谋风险及寻租风险、竞争不足风险与评级机构数量间的关系。可知存在一个数量水平使得串谋风险和寻租风险、竞争不足风险之和最小，这是评级机构数量的合理水平。

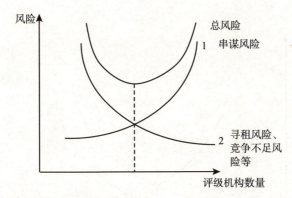

图5-4　串谋风险及寻租风险、竞争不足风险间的关系

从以上分析可知，由于评级机构数量与串谋风险、寻租风险、竞争不足风险相关性的不一致，因此，在进行数量选择时应当考虑三种风险的总和，把总风险降至最低。

三、结 论 及 政 策 建 议

本节以评级机构与发债企业串谋行为为切入点分析了评级机构数量选择对信用风险监管的影响，结果发现评级机构的数量越多，串谋风险越大。但是这并不意味着仅保留一家就是最优数量水平。政府在对其数量进行选择时，不仅应当考虑串谋风险，还应考虑如寻租风险和竞争不足风险等其他类型的风险，把总风险降至最低，此时的数量水平才是最优的。因此，对评级机构数量进行合理选择是控制风险的重要手段。

除了数量选择外，政府还可以通过制定其他政策来降低风险。本节研究认为应通过充分的信息披露来降低串谋风险。如前所述，串谋本质上扭曲了信息的真实传递，造成了资源配置的失效。而扭曲产生的根本原因在于信息的不对称。因此，政府应当建立更加完善的信息披露机制来减少信息不对称，从而降低串谋风险。由于信息之间存在勾稽关系，牵一发而动全身，因此，财务信息披露越多，修饰和篡改所需要付出的成本就越大。这一机制对于"串谋风险—评级机构数量"框架来说是外生因素，因此，在各数量水平下，原有的风险都会降低。建立机制后的评级机构数量与风险的关系如图 5-5 所示。由图 5-5 可知，最优数量水平处的总风险降低了。

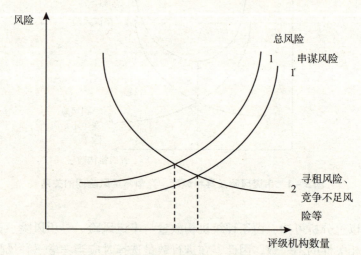

图 5-5 建立完善的信息披露机制后三种风险的关系

第二节 媒体监督与企业债券信用风险

一、引言

现代企业的一个显著特点是企业所有权和经营权的分离，以及由此产生的委托代理问题。良好的公司治理能有效地减轻代理问题所给股东造成的损失。公司治理机制可以分为内部公司治理机制和外部公司治理机制。一般来说，公司内部治理机制包括董事会、监事会以及股东大会等，而外部治理机制则主要包括债权人监督、独立中介机构、政府监管、媒体舆论监督等。

现有关于公司治理的文献中，一些研究分析并且确认了媒体监督的公司治理作用。有研究认为（Dyck and Zingales，2002；Dyck and Zingales，2004；Dyck et al.，2008；Joe et al.，2009），媒体的监督功能对法律制度进行相应的补充，即在一些法律制度弱的地区，媒体监督功能能够在一定程度上弥补法律制度的缺失。

在作为转轨经济的中国，公司治理机制尚存在很多不足，媒体监督是否存在公司治理效应的研究也已经受到了中国学者的广泛关注。在最近的5年研究中，一些研究（贺建刚等，2008；李培功和沈艺峰，2010；杨德明和赵璨，2012）从代理成本、财务重述、盈余管理、高管薪酬监督角度研究媒体监督的公司治理效应，但是，国内在对媒体的公司治理作用研究方面，仍存在很多不足。

基于上述背景，本节研究以分析中国债券市场中发债上市公司的融资成本为切入点，分析媒体监督对企业资本成本的影响。除了目前关于媒体监督治理作用存在争论外，本节研究选择研究媒体监督对企业资本成本的影响，还出于以下方面的原因：第一，企业的市场价值取决于投资者对该企业的风险水平的认知，而媒体的负面报道影响市场对于企业风险的认知。第二，相关研究表明，有效的公司治理可以通过降低代理成本或信息不对称而降低资本成本（Botosan，1997；Hail and Leuz，2006；Chen et al.，2009）。第三，媒体监督能够影响投资者情绪、关注度，进而影响投资者的投资决策（Dyck and Zingales，2003；Heinkel et al.，2001）。第四，研究媒体监督与融资成本之间的关系有助于管理者理解媒体负面报道对企业的融资成本的影响，因此，对战略计划的制定有重要的指示作用。此外，资本市场通过融资成本的影响作用，鼓励企业注重自身的声誉（Dyck and Zingales，2004；Dyck et al.，2008）。

本节研究使用2008~2012年上市公司的393个样本，分析媒体监督与债务融资成本之间的关系。以债券信用利差来替代企业债务融资成本（Anderson et al.，2004），以媒体负面报道作为媒体监督的代理变量，在公司治理、信息不对称、议程设置、感知风险理论与投资者相对规模的假说下，本节的研究表明，在其他条件不变的情况下，在公司治理与信息不对称理论的主导下，媒体监督能减小企业的债务融资成本。在控制内生性情况下，具体包括加入额外的遗漏变量、采用工具变量法，本节的结论仍然是成立的。同时，本节研究也发现对于国有企业，法制化水平低的地区企业，媒体监督对企业融资成本的影响更大。

本节研究的贡献主要有以下三个方面：第一，以往的研究主要针对的是股票市场，本节研究以债券市场为研究对象，是第一篇使用中国债券市场数据研究媒体监督与债务融资成本之间的关系的文献，丰富了媒体监督研究的广度与深度（Dyck and Zingales，2002；Dyck and Zingales，2004；Dyck et al.，2008；Joe et al.，2009）。

第二，本节研究丰富了公司治理对融资成本影响的研究（Chen et al.，2009，李姝等，2013）。具体来说，本节的研究在控制了企业公司治理影响下，媒体监督仍然能降低企业融资成本。这表明，企业未来利益不仅能从企业公司治理中获得，也能从媒体监督中获得，从而支持媒体监督的治理作用与重要性。

第三，本节研究同时也发现，由于中国资本市场的不完善，法律法规配套设施不健全，急切需要媒体监督发挥其治理作用。同时，对于媒体这一有限资源，应该进行合理分配，即对于国有企业与法制化水平低的地区企业要加强媒体负面报道。这些研究结果对于相关政策制定者制定相应措施提供依据。

本节其他部分安排如下，第二部分为理论分析与假设提出；第三部分介绍本节研究设计；第四部分为本节的实证分析与稳健性检验；第五部分为本节的主要结论。

二、理论分析与研究假设

对于媒体监督影响债务融资成本之间的关系的研究，本节研究从四个理论或假说进行展开分析，即公司治理理论、信息不对称理论、投资者的相对规模假说，以及感知风险理论。

（一）公司治理理论

声誉理论认为，管理层会重视其声誉以稳固其职位、获得更多的报酬以及在人才市场获得更好的择业机会。最新文献表明，媒体报道能够影响经理人声誉，对经理人的行为进行约束。也就是说，通过报纸、网络等途径传播的媒体可以在公司治理中扮演着重要角色（Dyck and Zingales，2002，2004；Joe，2009；Dyck et al.，2008）。通过理论分析与实证检验，迪克和辛格尔（Dyck and Zingales，2004）发现，媒体监督能够减小大股东的隧道效应与管理层的壕沟效应。通过比较分析代理问题严重与不严重的公司所受到媒体关注的不同，迪克等（Dyck et al.，2008）发现，代理问题严重的企业更容易受到媒体的关注，而当媒体关注这些企业后，这些企业将会采取措施来减小代理冲突。乔等（Joe et al.，2009）发现，媒体还会对董事会的效率进行关注，而缺乏效率的董事会如果受到媒体报道后，会强制董事会纠正其行为，提高企业价值与股东财富。在就中国媒体监督的公司治理效应进行的研究方面，李培功和沈艺峰（2010）比较早地实证检验了媒体监督对公司治理效应的影响。随后，一系列从代理成本、财务重述、盈余管理、高管薪酬监督角度研究媒体监督的公司治理效应（罗进辉，2012；于忠泊等，2011；戴亦一等，2011；杨德明和赵璨，2012）。

一些研究进一步分析了媒体监督影响公司治理的路径。现有研究主要从以下两个方面总结了媒体监督影响发挥公司治理效应的作用：一是媒体对于资本市场制度相关不足或漏洞进行广泛报道，形成社会舆论压力，促使资本市场的政策制定者对公司准入制度、退出制度、定价制度以及信息披露制度加以修改，从制度上要求企业具有较高的公司治理（Dyck et al.，2008；Dyck and Zingales，2002；Besley and Prat，2001）；二是作为资本市场中一个重要的参与者，经理人的薪酬主要取决于企业业绩（显性）与市场声誉（隐性）；然而，企业一旦被媒体负面报道后，企业业绩将会下降，并且会影响经理人的声誉。媒体监督可以迫使经理人减少从事有利于个人私利的行为，维护企业业绩与自身声誉（Fama，1980；Fama and Jensen，1983；Dyck and Zingales，2002）。对于中国资本市场行政审批的特殊性，媒体报道能够引起行政机构的介入，促使企业改正其不良行为，提高企业公司的治理强度（李培功和沈艺峰，2010）。

因此，从公司治理理论上看，媒体报道可以迫使管理层重视自己的社会声誉，努力工作，纠正其个人私利行为，继而导致其公司治理水平上升，债券价格上涨，到期收益率减小，债券的融资成本减小。

（二）信息不对称理论

媒体负面报道能够降低企业与投资者之间的信息不对称，以致最终影响债务融资成本。

首先，媒体负面报道有利于减轻企业与投资者之间的信息不对称程度（Tetlock，2010；Fang and Peress，2009）。通过构建理论模型，泰特勒克

（Tetlock，2010）分析了公共新闻报道在降低信息不对称方面的作用，同时使用道琼斯新闻网上所有美国上市公司的 200 多条新闻，分析媒体报道是否改变了企业外在的信息环境。方和佩雷斯（Fang and Peress，2009）认为，即使媒体不提供真正有意义的信息，媒体报道也可以缓解信息摩擦和影响资产的定价。

其次，大量研究表明，信息不对称可以影响资产定价。科普兰和加莱（Copeland and Galai，1983）的研究表明，即使在风险中性的条件下，只要市场上有非对称信息存在，买卖价差就会存在。被媒体负面报道后，企业业绩将会下降，并且会影响经理人的声誉。媒体监督可以迫使经理变更。达菲和兰多（2001）研究了非对称信息在企业债券信用风险定价中的作用，并认为信息不对称会导致投资者对公司价值产生不同的理解，以至于对公司信用利差的期限结构产生不同的预期。周宏等（2012，2014）与林晚发等（2013）都认为信息不对称与债券信用利差之间存在显著的正相关关系；成等（Cheng et al.，2011）在研究中，把债券信用利差作为信息不对称的替代变量。

基于信息不对称理论，本节研究认为，媒体负面报道越多的企业，企业与投资者之间的信息不对称程度越低，从而降低债券的融资成本。

（三）投资者的相对规模假说

根据默顿（Merton，1987）的一般均衡模型，提高企业的投资者相对规模可以降低企业的资本成本。在对默顿（1987）的一般均衡模型进行扩展基础上，海因克尔等（Heinkel et al.，2001）认为，当持有某个企业债券的投资者较少时，投资者承担的风险将会增大，那么投资者相应地会要求更多的回报，从而导致企业的资本成本的升高。

基于议程设置理论[①]以及信息成本。本节研究认为，媒体的负面报道可能导致企业的投资者规模变少，从而提高资本成本。

首先，议程设置理论认为，议程设置可以影响人们对每个事物的想法（Manheim，1986；Kiousis，2004）。一方面，就企业而言，如果企业处在高水平的媒体监督下，那么企业将会处在高水平的大众监督下。根据贝克

[①] 议程设置理论认为，虽然大众媒体传播往往不能决定人们对某一事件或意见的具体看法，但可以通过提供信息或安排相关的议题来有效地左右人们关注哪些事实和意见及他们谈论的先后顺序（McCombs and Shaw，1972；McCombs and Ghanem，2001；McLeod，Becker，and Byrnes，1974；Shaw and McCombs，1977）。也就是说，虽然大众传播可能无法影响人们怎么想，却可以影响人们去想什么（Shaw and McCombs，1977）。

等（Baker et al.，1999）的研究结果，研究者通常忽略较低媒体监督水平的企业。另一方面，对于媒体负面报道越高的企业，投资者一般不选取该资产来进行资产组合（Hong and Kacperczyk，2009）。

其次，传统的完美市场模型假定信息是完全的与即时的，而默顿（1987）的资本市场的一般均衡模型允许信息不完全性的存在。在默顿（1987）的模型中，如果投资者只了解股票 K，那么投资者只会购买股票 K 来进行投资①。在现实生活中，媒体为了保证其销量或者阅读量，不太愿意花费太多的时间去报道无关紧要（中性）的信息，更愿意对企业的负面形象做报道，制造其轰动效应，以增加其阅读量（Jensen，1979；Gentzkow and Shapiro，2006）。基于此，当投资者接收到信息时，更多地接收到企业负面报道的消息，会减少（不买）该企业的证券。

综上所述，本节研究认为，基于投资者相对规模假说，媒体负面报道越多的企业，投资者关注增加，且不购买其债券，导致其价格下降，债券的融资成本增大。

（四）感知风险理论

根据议程设置理论，处于高强度媒体报道的企业将面临较大的风险，其原因有二：第一，高知名度的企业将更有可能成为各种社会组织的攻击目标；第二，这些企业将面临更严格的审查，从而导致即使轻微的事故也将被媒体报道，并成为一个大问题。而类似的事故在媒体报道较低的企业则可能避免报道。

另外，有研究表明，投资者认为，遭受负面报道的企业也就是对社会不负责任的企业②，而这类企业具有更高的风险水平（Frederick，1995；Robinson et al.，2008；Starks，2009）。沃多克和格雷夫斯（Waddock and Graves，1997）认为，如果一个企业不投资于安全生产，且销售不安全的产品，这无形增加了该公司未来被诉讼的概率以及公司未来的成本，所以，对社会不负责任的企业可能面临着未来索赔不确定的增大。

洪和凯帕克茨克（Hong and Kacperczyk，2009）认为，无论是系统风险，还是非系统性风险，都应被包含在定价之中。负面报道较多的企业具

---

① 默顿（1987）把信息传输过程分解成三部分：（1）企业发布信息；（2）媒体与分析师传递信息；（3）投资者接收信息。并且认为信息在这三部分中（从企业到投资者之间）传递是有成本的，主要包括收集和处理数据的成本、从一个方向传递到另一个方向信息传递的成本。

② 这里对社会不负责任的社会指的是所有的利益相关者，下同。

有较高的感知风险，这个风险很可能并没有被投资者的投资组合所分散，从而体现在资本成本中，即这个感知风险是不可分散的，随着不可分散风险水平的提高，负面报道越多的企业将面临较高的债务融资成本。

基于感知风险理论，本节研究认为，媒体负面报道越多的企业，投资者感知该企业风险较大，且不购买其债券，导致其价格下降，到期收益率增大，债券的融资成本增大。

由于公司治理与信息不对称理论预计媒体监督与债务融资成本之间的关系为负，而投资者相对规模假说以及感知风险理论预计媒体监督与债务融资成本之间的关系为正，基于这两个关系的方向性，本节研究提出第一个竞争性假设，来确定在中国债券市场中媒体监督与债务融资成本之间的关系：

H1a：在其他因素不变的情况下，在信息不对称与公司治理理论的主导下，媒体监督减小了企业的债务融资成本。

H1b：在其他因素不变的情况下，在投资者相对规模假说与感知风险理论的主导下，媒体监督增大了企业的债务融资成本。

一些研究表明，媒体监督与企业债务融资成本之间的关系可能会受到企业所有权性质的影响（徐浩萍与吕长江，2007）。另外，对于中国发债上市公司，其发行审批的程序主要受到证监会、发改委以及中国人民银行监管，在这种行政审批的背景下，国有企业很容易获得发债资格。在媒体负面报道上，本节研究认为，国有企业背后通常有政府的保护与支持，当媒体负面报道后，投资者认为其有政府担保，认为风险并没有发生改变。比如，施莱费尔和维希里（Shleifer and Vishny，1994）认为，国有企业更容易受到政府保护，所有媒体的负面报道并不是特别致命的，所以，投资者相对规模不会下降得太多。对于非国有企业，当媒体负面报道后，投资者认为企业违约风险增大，投资者相对规模下降，融资成本增大。基于上述分析，本节研究提出第二个假设 H2：

H2：对于国有企业，媒体监督和企业债务融资成本之间的关系相比于非国有企业要强。

许多研究进一步分析了地区法制化水平如何影响媒体监督与债务融资成本之间的关系。戴亦一等（2011）认为，各地区的政府干预水平、法律水平以及行业进入堡垒（行业保护程度）都会影响媒体公司治理效应的发挥。迪克和辛格尔（Dyck and Zingales，2002）认为，制度环境、价值取向、媒体搜集信息途径以及媒体可信性等因素分析并影响了媒体的公司治理作用。具体来说，在法制水平高的地区，执法强度比较高，企业公司治理以及信息情况都比较好，这能从内部根源上减轻企业的委托代理问题；同时，有研究表明，在法制化程度比较高的国家或地区，投资者保护程度较强，代理成本以及资本成本较低（La porta et al.，1998；Chen et al.，2009；肖作平与黄璜，2013）。在这种情况下，媒体监督发挥公司治理的作用有限；而在法制水平低的地区，法律制度即不能在事前对企业进行事前监督，也不能在事后对企业进行及时的惩罚，导致不能从内部根源上对管理层进行监督，所以，企业内部的代理问题十分严重，媒体发挥作用的余地更大。因此，在法制化水平低下的地区，媒体监督作为公司治理的外部监督，对于管理者监督的作用更大、更明显。基于此，我们提出本节研究的第三个假设 H3：

H3：相对于法制水平高的地区，媒体监督和企业债务融资成本之间的关系在法制水平低的地区更强。

三、研究设计

（一）数据来源

本节研究所需要的股票市场数据以及企业财务数据来自 CSMAR 数据库，而债券数据来自 Wind 数据库。媒体负面报道数量则收集自 8 份最具影响力的全国性财经报纸，他们分别是《21 世纪经济报道》《中国证券报》《证券时报》《中国经营报》《证券日报》《上海证券报》《经济观察报》《第一财经日报》。相应的财务数据以及股票市场数据等连续变量都进行了 1% 的缩尾处理。

（二）样本选择

本节选择 2008~2012 年上市公司发债数据作为研究对象。通过数据合并、整理、去除缺失值与重复值①后，研究的基础样本的个体年总数为 393 个，上市公司数为 221 个。

---

① 这里的重复值代表着一个上市公司可能在一年中的两个债券，假若存在这种情况，随机地去掉一个观测值。

（三）研究模型与变量定义

$$CS_{it} = \alpha + \beta_1 MEDIA_{it} + \beta_2 \ln ZZC_{it} + \beta_3 LEV_{it} + \beta_4 AGE_{it} + \beta_5 SYQX_{it}$$
$$+ \beta_6 VAR_{it} + \beta_7 IO_{it} + \beta_8 ROE_{it} + YEAR + INDUSTRY + \varepsilon_{it} \quad (5-1)$$

模型（5-1）是本节研究的主要回归模型，具体的变量如下所示：

（1）因变量。本节研究的因变量为债务融资成本。本节研究以债券信用利差（CS）作为债务融资成本的替代变量，CS定义为债券的到期收益率与相同剩余期限的国债无风险收益率之差；债券收益率是每年最后一个交易日的收益率。最后，债券信用利差越大，资本债务成本越高（Anderson et al.，2004）。

（2）自变量。媒体监督（MEDIA）。本节研究采用两种方式定义媒体监督：第一，采用虚拟变量法定义，当MEDIA01等于1时，表示企业受到了媒体的负面报道，在其他情况下MEDIA01等于0。第二，参考方和佩雷斯（Fang and Peress，2009）、李培功和沈艺峰（2010）的做法，本节研究选择8份最具影响力的全国性财经报纸作为报道的来源，统计出企业受到媒体负面报道的次数N，并通过MEDIA = log(1 + N)公式来计算媒体监督的强度。

企业规模（lnZZC）。本节采用企业固定资产的对数来衡量企业规模。一般情况下，企业规模越大，融资约束越小，其违约的风险也就越小。所以，企业规模与信用利差负相关。

企业杠杆率（LEV）。本节研究采用企业负债与总资产的比率来衡量企业杠杆率。在结构模型中，企业杠杆率越大，信用风险就越大，债券利差也就越大。因此，企业杠杆率应与信用利差正相关。

债券的剩余期限（SYQX）。本节研究使用债券的到期年与当年的差作为债券的剩余期限。根据和威治和特纳（1999）的研究，债券剩余到期时间越长，不确定性因素就越大，发生违约的可能性就越大。因此，剩余年限与信用利差应当呈现正相关关系。

债券已存续年限（AGE），即债券从发行年与当期年的差值。余（2005）认为，一只债券已存续年限越长，它的交易就越不频繁，流动性就越差，债券利差也就越大。但从信息不对称的角度来说，一只债券已存续的年限越长，它的已披露的信息就越多，企业债券发行者与投资者之间的信息不对称程度越低，其信用利差应该越小。

股票市场波动（VAR）。本节研究采用上证指数的年波动率作为股票

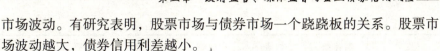

市场波动。有研究表明，股票市场与债券市场一个跷跷板的关系。股票市场波动越大，债券信用利差越小。

机构投资者持股比例（IQ）。本节研究采用机构投资者持股数与总股数的比值来计算。一般情况下，机构投资者持股比例越高，外部监督功能越强，企业债券信用利差越小。

企业净资产收益率（ROE）。发债企业的经营管理水平影响发债企业的经营获利能力，而经营获利能力是企业债券投资者能够及时收回本息的重要保障。因而，发债企业的经营管理水平与企业债券的信用风险直接相关。

债券的信用等级（CREDIT）。本节研究用以下方式对信用等级进行赋值：AAA = 7，AA + = 6，AA = 5，AA − = 4，A + = 3，A = 2，A − = 1。

四、实证分析

（一）样本描述性统计分析

各变量的描述性统计结果如表 5 – 1 所示。CS 的均值为 2.83，这说明在中国债券市场中存在较高的债券信用利差。发债上市公司是否受到媒体负面报道变量 MEDIA01 的均值为 0.458，说明在整体上，有一半的发债上市公司在 2008 ~ 2012 年中受到媒体至少一次的负面报道。另外，发债上市公司受到媒体负面报道次数的均值为 1.36，最多的次数为 6 次。在本节的研究样本中，企业规模对数均值为 21.3，杠杆率均值为 0.578，这说明发债上市公司杠杆率较高，同时企业机构持股比例均值为 49.9，说明整体上发债上市公司机构持股比例较高，公司治理情况较好；企业发行债券的信用等级均值为 5.9，已发行年限均值为 1.9，剩余期限均值为 5.08。

表 5 – 1　　　　　　　　　回归变量的描述性统计

变量	样本数	均值	中位数	标准差	极小值	极大值
CS	393	2.83	2.68	1.18	− 0.618	6.39
MEDIA01	393	0.458	0	0.499	0	1
MEDIA	393	1.36	1.1	1.21	0	6
lnZZC	393	21.3	21.4	1.71	17.2	25.8

续表

变量	样本数	均值	中位数	标准差	极小值	极大值
LEV	393	0.578	0.581	0.136	0.256	0.842
CREDIT	393	5.9	5	1.13	5	8
AGE	393	1.9	2.3	1.46	1	6
SYQX	393	5.08	5	1.69	2	10
VAR	393	75.9	85.4	12.1	53.9	85.4
IQ（%）	393	49.9	51.3	21.3	3.35	92.4
ROE	393	0.0697	0.079	0.115	−1.08	0.283

（二）主要变量相关系数表

表5-2给出了主要变量的相关系数及其显著性。表5-2显示，发现媒体监督的代理变量（即MEDIA01与MEDIA）与债务融资成本替代变量之间存在显著的负相关关系。除此之外，大部分解释变量与CS之间的关系符合预期。此外，解释变量之间不存在高度共线性问题。

表5-2　　　　　　　　　　主要变量的相关系数

变量	CS	MED-01	MEDIA	lnZZC	LEV	AGE	SYQX	IQ
CS	1							
MED-01	−0.137***	1						
MEDIA	−0.198***	0.759***	1					
lnZZC	−0.464***	0.112**	0.270***	1				
LEV	0.015	0.098**	0.102**	0.248***	1			
AGE	−0.2214***	0.108**	0.163***	0.288***	0.207***	1		
SYQX	0.102**	−0.037	0.021	0.242***	0.053	0.66***	1	
IQ	−0.304***	0.043	0.047	0.322***	0.144***	0.077	−0.017	1
ROE	−0.215***	−0.029	−0.023	−0.07	−0.250***	−0.012	−0.018	0.122*

注：***、**与*分别表示系数在1%、5%与10%的水平上显著。

（三）多元回归分析

为了检验媒体监督与企业债务融资成本之间的关系，本节研究在控制企业与债券层面的因素后，使用媒体监督不同的替代变量对债券信用利差进行回归。在回归的过程中，本节研究控制了年份与行业因素，并对异方差进行怀特异方差调整。

表5-3报告了回归的主要结果。在每个模型中，因变量都为债券的信用利差CS，解释变量包括不同的媒体变量，企业层面控制变量、债券层面的变量以及控制了年份与行业影响。表5-3中8列的回归结果一致支持在媒体监督下，企业债务融资成本较低的结论。

具体来说，在表5-3中，第2列、第4列与第5列的回归结果显示，MEDIA01的系数在1%或5%的水平上显著为负，这说明媒体监督能够显著降低其债务融资成本。同时，其他控制变量也对债务融资成本有影响。具体来说，企业规模越大，企业杠杆率越小，已存年限越长，剩余期限越小，股票市场波动越小，企业的债务融资成本越小。第3列、第5列与第7列的回归结果中，主要解释变量为MEDIA的系数在1%或5%的水平上显著为负，说明媒体负面报道越多，其债务融资成本越小。另外，第7列中系数的经济显著性为：当媒体负面报道每增加一个标准差，债券信用利差将降低4.6%，即支持假设H1a。

以往的研究认为企业公司治理、盈利能力既与媒体有关系也与债务融资成本有关系（梁红玉等，2012）。为了避免遗漏变量对回归结果可能产生的影响，本节研究增加企业盈利能力等变量，并进行回归。表5-3的第8列与第9列中，本节研究加入了机构投资者持股比例（IQ）变量、企业盈利能力（ROE）变量等变量。检验结果表明，MEDIA01与MEDIA都在1%的水平上显著为负，所以，假设H1a得证。即在中国债券市场，媒体监督主要起到公司治理以及减小信息不对称的作用。

上述结果表明，媒体监督对于企业有着一定的公司治理作用，可以获得较低的融资成本。

表5-3　　　　　　　　　　媒体监督与债务融资成本

变量	模型（1）	模型（2）	模型（3）	模型（4）	模型（5）	模型（6）	模型（7）	模型（8）
Constant	2.988*** (38.39)	3.067*** (34.95)	2.951*** (6.78)	3.006*** (7.60)	8.095*** (7.52)	8.034*** (7.41)	8.033*** (7.43)	7.973*** (7.35)

续表

变量	模型（1）	模型（2）	模型（3）	模型（4）	模型（5）	模型（6）	模型（7）	模型（8）
MEDIA01	-0.341 *** （-2.87）		-0.396 *** （-3.52）		-0.254 ** （-2.38）		-0.283 *** （-2.78）	
MEDIA		-0.173 *** （-3.95）		-0.168 *** （-3.78）		-0.107 ** （-2.47）		-0.115 *** （-2.92）
lnZZC					-0.309 *** （-6.97）	-0.307 *** （-6.64）	-0.246 *** （-5.53）	-0.245 *** （-5.40）
LEV					1.206 *** （2.63）	1.207 *** （2.63）	0.340 （0.73）	0.342 （0.73）
AGE					-0.158 *** （-2.65）	-0.160 *** （-2.69）	-0.139 ** （-2.43）	-0.142 ** （-2.47）
SYQX					0.139 ** （2.15）	0.146 ** （2.28）	0.113 * （1.80）	0.121 * （1.94）
VAR					0.011 ** （2.19）	0.012 ** （2.26）	0.008 （1.57）	0.008 * （1.65）
IQ							-0.009 *** （-3.74）	-0.009 *** （-3.70）
ROE							-2.099 *** （-3.98）	-2.097 *** （-3.83）
年份	NO	NO	YES	YES	YES	YES	YES	YES
行业	NO	NO	YES	YES	YES	YES	YES	YES
样本量	393	393	393	393	393	393	393	393
Adj_R^2	0.021	0.032	0.198	0.199	0.309	0.309	0.370	0.369

注：***、** 与 * 分别表示系数在1%、5% 与10% 的水平上显著。括号内为系数的 t 值，t 值来源于 Hubei-white robust standard errors 的混合回归。

（四）稳健性检验

为了检验表 5-2 中各项主要结果的稳健性，本节研究从三个方面进行稳健性检验。

（1）内生性处理。在媒体负面报道与企业融资成本的关系上，可能存在内生性问题，即债务融资成本较高（违约风险很大）的企业，越容易受到媒体的关注以及媒体的负面报道（Dyck et al.，2008）。本节研究采用工具变量的方法来进行内生性处理，同时克服双向因果的影响。检验结果如表5-4所示。

表5-4的模型（1）采用2SLS检验MEDIA01与CS之间的关系，模型（2）采用2SLS来检验MEDIA与CS之间的关系。其他外生变量（例如，选取行业集中度、企业所有权性质、地区法制化水平以及债券信用评级的回归系数未在表5-4中列出）。

另外，本节研究还进行配对分析，按照同年度同行业同规模的标准，1∶1寻找媒体负面报道企业的对照样本，即没有受到媒体负面报道的企业。然后，采用表5-4中模型（3）与模型（4）进行回归。

从以上4个模型的回归结果显示，工具变量以及PSM配对分析下的媒体监督变量系数都在1%的水平上显著为负。也就是说，在控制可能存在的内生性后，企业受到媒体监督越强，则企业债务融资成本越低的结论没有发生变化。

表5-4   内生性处理后回归结果

变量	模型（1）	模型（2）	模型（3）	模型（4）
Constant	6.929 *** (5.40)	6.570 *** (4.10)	10.128 *** (10.01)	10.009 *** (9.82)
MEDIA01	-3.255 *** (-4.06)		-0.413 *** (-4.26)	
MEDIA		-0.953 *** (-4.09)		-0.162 *** (-4.43)
lnZZC	-0.135 ** (-2.42)	-0.116 (-1.60)	-0.329 *** (-7.37)	-0.321 *** (-6.93)
LEV	0.384 (0.63)	0.302 (0.46)	0.905 * (1.84)	0.916 * (1.83)
AGE	-0.123 * (-1.83)	-0.080 (-0.90)	-0.025 (-0.48)	-0.023 (-0.45)
SYQX	0.080 (1.22)	0.082 (0.88)	-0.058 (-1.07)	-0.056 (-1.00)
VAR	0.006 (0.99)	0.003 (0.43)	0.003 (0.70)	0.003 (0.62)
IQ	-0.008 *** (-2.86)	-0.008 ** (-2.06)	-0.011 *** (-4.36)	-0.011 *** (-4.33)

变量	模型 (1)	模型 (2)	模型 (3)	模型 (4)
ROE	−1.930 *** (−3.50)	−2.570 *** (−2.70)	−1.855 *** (−2.90)	−1.917 *** (−2.77)
LAMBDA	1.913 *** (3.83)			
行业	YES	YES	YES	YES
年份	YES	YES	YES	YES
样本量	393	393	360	360
Adj_R^2	0.323	0.335	0.456	0.452

注：*** 、** 与 * 分别表示系数在 1%、5% 与 10% 的水平上显著。括号内为系数的 t 值，t 值来源于 Hubei-white robust standard errors 的混合回归。

（2）企业所有权性质与地区法制化水平对媒体监督与企业债务融资成本关系的影响。本节再进一步研究企业所有权性质、地区法制化水平是否影响媒体监督与企业债务融资成本之间。

首先，表 5-5 中的第 2 列与第 3 列是不同所有权性质企业的子样本检验结果。检验结果显示，对非国有企业来说，媒体监督的系数为负，但不显著；而对国有企业来说，媒体监督的系数在 1% 的水平上显著为负；同时，两者系数在 5% 的水平上存在显著差异。基于此，本节研究认为对于国有企业，媒体监督对于债务融资成本的作用强于非国有企业。[①] 这一检验结果支持了假设 H2。

其次，对于地区法制化水平的衡量，以往研究都参照樊纲与王小鲁主编的《中国市场化指数》报告中各个省市中法制制度环境分项指数作为地区法制化水平的代理变量。由于本节的研究样本时间区间是 2008～2012 年，而《中国市场化指数》只更新到 2009 年数据。所以，本节研究采用两种方法来度量地区法制化水平，第一，在系统性分析 2009 年以前地区

---

① 肖作平与黄璜（2013）认为媒体治理对非国有公司的治理效果要强于国有公司，即国有公司的国有性质会抑制媒体发挥降低权益资本成本的治理效果。本节结论与其不同的原因主要在以下几个方面，第一，在样本选择上，肖作平与黄璜（2013）选择的是 2007 年与 2008 年的 500 个非金融 A 股，而本节选择的是 2008～2012 年上市发债公司，本节数据两大优势体现在样本的随机性以及后金融危机时代数据。第二，股票与债券是两个不同的资产，债券的价格受到违约风险的影响。肖作平与黄璜（2013）以股票为研究对象，只分析媒体监督的公司治理与信息不对称作用，而对于债券，媒体监督还影响投资者的感知风险，进而影响融资成本。第三，被解释变量不同，肖作平与黄璜（2013）选择的是权益融资成本，本节选择的是债券信用利差。

法制化代理变量的基础上，选择北京、上海、广东、浙江与天津五个省市作为法制化水平高的地区，并构建虚拟变量 FZH，取值为 1，其他地区的 FZH =0①。第二，采用各个省市每年法院案件审理总数与该省市总人数的比率作为地区法制化水平的替代指标。

表 5 – 5 中的第 4 列与第 5 列是不同法制化地区子样本的分析结果。检验结果显示，在法制化水平比较高的地区，媒体监督的系数为负，但不显著；在法制化水平较低的地区，媒体监督的系数在 5% 的水平上显著为负；同时，两者系数在 10% 的水平上存在显著差异。基于此，本节研究认为在法制化水平较高的地区，由于法律制度已经在很大程度上事先控制了企业中的委托代理问题，媒体监督的公司治理作用变得有限。在法制化水平较低的地区，由于法制制度对管理层事前监督以及事后惩罚的缺失，很难事先控制委托代理问题，所以，媒体监督的公司治理能够得到很好的实现，即对于债务融资成本的减小作用更强。这一检验结果支持了假设 H3。

表 5 – 5　　　　子样本分析媒体监督对债务融资成本的影响

变量	企业所有权性质		法制化水平（FZH）	
	非国有企业	国有企业	低法制水平地区	高法制水平地区
Constant	6. 953 *** (3. 46)	6. 427 *** (5. 88)	9. 037 *** (5. 98)	7. 242 *** (5. 34)
MEDIA	− 0. 129 (− 1. 25)	− 0. 093 *** (− 2. 86)	− 0. 095 ** (− 2. 13)	− 0. 119 (− 1. 54)
	Prob（different）= 0. 04 **		Prob（different）= 0. 06 *	
lnZZC	− 0. 141 * (− 1. 71)	− 0. 242 *** (− 5. 11)	− 0. 289 *** (− 4. 45)	− 0. 245 *** (− 4. 26)
LEV	0. 110 (0. 14)	1. 464 ** (2. 50)	0. 557 (0. 83)	0. 158 (0. 26)
AGE	− 0. 259 * (− 1. 93)	− 0. 084 (− 1. 43)	− 0. 106 (− 1. 08)	− 0. 119 * (− 1. 78)
SYQX	0. 182 (1. 24)	0. 098 (1. 59)	0. 103 (0. 96)	0. 082 (1. 15)

① 这样的选择过程为：首先，对以往每年的各个省市中法制制度环境分项指数进行平均化处理，选择均值前五的省市作为法制化水平高的省市。

续表

变量	企业所有权性质		法制化水平（FZH）	
	非国有企业	国有企业	低法制水平地区	高法制水平地区
VAR	0.001 (0.06)	0.010 ** (2.23)	0.005 (0.73)	0.008 (1.19)
IQ	−0.010 *** (−2.68)	−0.007 *** (−2.99)	−0.011 *** (−3.51)	−0.006 (−1.52)
ROE	−2.408 ** (−2.27)	−1.605 *** (−2.70)	−1.584 ** (−2.47)	−2.612 *** (−2.99)
行业	YES	YES	YES	YES
年份	YES	YES	YES	YES
样本量	168	225	197	196
Adj_R^2	0.242	0.346	0.343	0.331

注：***、** 与 * 分别表示系数在 1%、5% 与 10% 的水平上显著。括号内为系数的 t 值，t 值来源于 Hubei-white robust standard errors 的混合回归。这里只出了媒体负面报道强度的回归结果，企业是否受到媒体负面报道的回归结果没有给出，但回归结果与表 5 - 6 结果一致，如需要，可向作者索取。

（3）其他稳健性测试。第一，本节研究采用与前述不同的计算方法，获得变量 MEDIA 的数值，并以新获得的 MEDIA 数值，检验 MEDIA 的不同计算方法对前述检验结果稳定性的影响。具体来说，本节采用行业调整的 MEDIA 进行研究，即以各企业的 MEDIA 减去行业 MEDIA 值，得到 TMEDIA 变量。把 TMEDIA 代入原模型，进行回归，表 5 - 6 列示了回归结果。检验结果表明，TMEDIA 系数仍然显著为负。

表 5 - 6　　　　　　　　　被解释变量替代变量回归结果

变量	模型（1）	模型（2）
Constant	6.696 *** (6.05)	4.012 *** (5.14)
MEDIA	−0.101 ** (−2.38)	−0.134 ** (−2.21)
lnZZC	−0.254 *** (−6.06)	−0.322 *** (−5.66)

变量	模型（1）	模型（2）
LEV	1.104** (2.42)	1.33*** (2.49)
AGE	-0.091* (-1.85)	-0.112*** (-3.44)
SYQX	0.083 (1.49)	0.112** (2.11)
VAR	0.013** (2.09)	0.016** (2.31)
年份	YES	YES
行业	YES	YES
样本量	393	393
Adj_R^2	0.311	0.307

注：***、**与*分别表示系数在1%、5%与10%的水平上显著。括号内为系数的t值，t值来源于Hubei-white robust standard errors的混合回归。

第二，本节研究采用与前述不同的地区法制化水平衡量方法，获得各地区的法制化水平数值。由于《中国市场化指数》仅更新到2009年，本节研究采用各个省市每年法院案件审理总数与该省市总人数的比率来作为地区法制化水平的替代指标。各个省市每年法院案件审理总数与总人数的数据来源于2009～2013年各个省市的统计年鉴。一般情况下，这个比率越高，说明这个地区民众维权意识较强，以及维权通道较顺畅。以替代指标进行的检验结果与前述检验结果之间，相关结果如表5-7所示，没有显著性差异。

表5-7　　　　　　　　法制化水平替代变量相应回归结果

以各个省市每年法院案件审理总数与总人数比值来替代法制化水平		
变量	低法制水平地区	高法制水平地区
Constant	3.122*** (3.17)	2.231** (1.93)
MEDIA	-0.112** (-2.32)	-0.089* (-1.78)

	Prob（different）= 0.04 **	
lnZZC	−0.415 *** （−3.24）	−0.378 *** （−3.11）
LEV	0.557 * （1.76）	0.432 （0.77）
AGE	−0.143 * （−1.68）	−0.213 * （−1.87）
SYQX	0.091 （0.67）	0.113 （1.34）
VAR	0.007 （1.11）	0.018 （1.32）
行业	YES	YES
年份	YES	YES
样本量	197	196
Adj_R^2	0.322	0.365

注：***、** 与 * 分别表示系数在1%、5%与10%的水平上显著。括号内为系数的 t 值，t值来源于 Hubei-white robust standard errors 的混合回归。

五、结论

本节研究了媒体监督与企业债务融资成本之间的关系，并且得到了以下结论：在中国债券市场中的发债上市公司，在公司治理与信息不对称理论的主导下，媒体监督确实能够减小企业的债务融资成本。在通过加入额外变量、采用工具变量法等方法控制内生性情况下，上述结论仍然成立。本节研究还发现，对于国有企业与法制化水平低地区的企业，媒体监督降低了企业融资成本的作用更大。

本节的结论表明，媒体监督可以通过减小企业的融资成本，进而提高企业价值。以往的研究着重强调公司治理在企业估值以及外部融资的重要，本节的研究则提出媒体监督对企业的融资也相当关键。

本节的研究结果具有两方面的现实意义。第一，本节的研究结论增强了媒体监督的公司治理作用以及声誉机制功能。媒体监督不仅有助于对管理层进行约束，而且管理层也能通过降低企业融资成本而受益。第二，由于中国资本市场的不完善，法律法规配套设施不健全，急切需要媒体监督发挥其治理作用；同时，对于媒体的有限资源，应该进行合理分配，对于国有企业与法制化水平低的地区企业要加强媒体的负面报道。

参 考 文 献

[1] 艾洪德、魏巍:《公司治理与证券市场上投融资双方信息不对称问题的解决》,载《金融研究》2004 年第 10 期。

[2] 安东尼·G. 科因、杰斯·莱德曼,唐旭等译:《利率风险的控制与管理》,经济科学出版社 1998 年版。

[3] 白重恩、刘俏、陆洲、宋敏、张俊喜:《中国上市公司治理结构的实证研究》,载《经济研究》2005 年第 2 期。

[4] 陈东、刘金东:《农村信贷对农村居民消费的影响——基于状态空间模型和中介效应检验的长期动态分析》,载《金融研究》2013 年第 6 期。

[5] 陈艳莹、王二龙:《要素市场扭曲、双重抑制与中国生产性服务业全要素生产率:基于中介效应模型的实证研究》,载《南开经济研究》2013 年第 5 期。

[6] 陈志俊、邹恒甫:《防范串谋的激励机制设计理论研究》,载《经济学动态》2002 年第 10 期。

[7] 戴亦一、潘越、刘思超:《媒体监督、政府干预与公司治理:来自中国上市公司财务重述视角的证据》,载《世界经济》2011 年第 11 期。

[8] 樊纲、王小鲁:《中国市场化指数——各地区市场化相对进程年报告》,经济科学出版社 2011 年版。

[9] 龚朴、邓洋、胡祖辉:《银行信用组合风险多成分重要性抽样算法研究》,载《管理科学学报》2012 年第 11 期。

[10] 龚朴、高原:《非理性预期对信用衍生产品定价的影响:美国次贷危机的启示》,载《管理科学学报》2010 年第 13 期。

[11] 胡奕明、谢诗蕾:《银行监督效应与贷款定价——来自上市公司的一项经验研究》,载《管理世界》2005 年第 5 期。

[12] 江伟、李斌:《制度环境、国有产权与银行差别贷款》,载《金融研究》2006 年第 11 期。

[13] 詹姆斯·C. 范霍恩著,赵智文、余良标译:《金融市场利率与

流量》，东北财经大学出版社 2000 年版。

[14] 黎文靖：《所有权类型、政治寻租与公司社会责任报告：一个分析性框架》，载《会计研究》2012 年第 1 期。

[15] 李广子、刘力：《债务融资成本与民营信贷歧视》，载《金融研究》2009 年第 12 期。

[16] 李国平、韦晓茜：《企业社会责任内涵、度量与经济后果——基于国外企业社会责任理论的研究综述》，载《会计研究》2014 年第 8 期。

[17] 李国平、张倩倩、周宏：《企业社会责任与财务绩效：理论、方法与检验》，载《经济学动态》2014 年第 6 期。

[18] 李培功、沈艺峰：《媒体的公司治理作用：中国的经验证据》，载《经济研究》2010 年第 4 期。

[19] 李姝、赵颖、童婧：《社会责任报告降低了企业权益资本成本吗？——来自中国资本市场的经验证据》，载《会计研究》2013 年第 9 期。

[20] 李维安、张国萍：《经理层治理评价指数与相关绩效的实证研究——基于中国上市公司治理评价的研究》，载《经济研究》2005 年第 11 期。

[21] 林晚发、周宏、王海妹、刘蕾：《分析师预测与企业债券信用利差——基于 2008～2012 年中国企业债券数据》，载《会计研究》2013 年第 8 期。

[22] 林毅夫、李永军：《中小企业金融机构发展与中小企业融资》，载《经济研究》2001 年第 1 期。

[23] 林毅夫、李志：《政策性负担、道德风险与预算软约束》，载《经济研究》2004 年第 2 期。

[24] 刘海龙、吴冲锋：《期权定价方法综述》，载《管理科学学报》2002 年第 5 期。

[25] 刘芳佳、孙霈、刘乃全：《终极产权论、股权结构与公司绩效》，载《经济研究》2003 年第 4 期。

[26] 罗进辉：《媒体报道的公司治理作用——双重代理成本视角》，载《金融研究》2012 年第 10 期。

[27] 时文朝：《扩大直接债务融资，服务实体经济发展》，载《求是》2012 年第 10 期。

[28] 吴文锋、吴冲锋、芮萌：《中国上市公司高管的政府背景与税收优惠》，载《管理世界》2009 年第 3 期。

[29] 肖作平、黄璜：《媒体监督、所有权性质和权益资本成本》，载《证券市场导报》2013 年第 12 期。

[30] 徐浩萍、吕长江：《政府角色、所有权性质与权益资本成本会计研究》，载《会计研究》2007 年第 6 期。

[31] 杨德明、赵璨：《媒体监督、媒体治理与高管薪酬》，载《经济研究》2012 年第 6 期。

[32] 余明桂、回雅甫、潘红波：《政治联系、寻租与地方政府财政补贴有效性》，载《经济研究》2010 年第 3 期。

[33] 于忠泊、田高良、齐保垒：《媒体关注的公司治理机制——基于盈余管理视角的考察》，载《管理世界》2011 年第 9 期。

[34] 张瀛：《做市商、流动性与买卖价差：基于银行间债券市场的流动性分析》，载《世界经济》2007 年第 10 期。

[35] 郑志刚、丁冬、汪昌云：《媒体的负面报道、经理人声誉与企业业绩改善——来自我国上市公司的证据》，载《金融研究》2011 年第 12 期。

[36] 郑志刚：《对公司治理内涵的重新认识》，载《金融研究》2010 年第 8 期。

[37] 周宏、建蕾、李国平：《企业社会责任与债券信用利差关系及其影响机制——基于沪深上市公司的实证研究》，载《会计研究》2016 年第 5 期。

[38] 周宏、李国平、林晚发等：《企业债券信用风险定价模型评析与进展》，载《管理科学学报》2015 年第 8 期。

[39] 周宏、林晚发、李国平、王海妹：《信息不对称与企业债券信用风险估价——基于 2008 ~ 2011 年中国企业债券数据》，载《会计研究》2012 年第 12 期。

[40] 周宏、林晚发、李国平：《现金持有的内生性与企业债券信用利差》，载《统计研究》2015 年第 6 期。

[41] 周宏、林晚发、李国平：《信息不确定、信息不对称与债券信用利差》，载《统计研究》2014 年第 5 期。

[42] 周宏、徐兆铭、彭丽华、杨萌萌：《宏观经济不确定性对中国企业债券信用风险的影响——基于 2007 ~ 2009 年月度面板数据》，载《会计研究》2011 年第 12 期。

[43] 周宏、杨萌萌、李远远：《企业债券信用风险影响因素研究评

述》，载《经济学动态》2010 年第 12 期。

［44］周宏、温笑天、夏剑超、方宇：《评级机构数量选择对企业债券信用风险监管的影响——基于评级机构与发债企业串谋行为的博弈分析》，载《会计研究》2013 年第 8 期。

［45］朱焱、张孟昌：《企业管理团队人力资本、研发投入与企业绩效的实证研究》，载《会计研究》2013 年第 11 期。

［46］Acharya, V., Davydenko, S. A., and Strebulaev, I. A., "Cash Holdings and Credit Risk". *The Review of Financial Studies*, Vol. 25, No. 12, 2012.

［47］Akerlof, G., "The Market for 'Lemons': Quality Uncertainty and the Market Mechanism", *Quarterly Journal of Economics*, Vol. 84, No. 3, 1970.

［48］Albanese, C., Chen, O., Dalessandro, A., and Vidler, A., "Dynamic Credit Correlation Modelling". *Mathematical Finance*, Vol. 5, No. 5, 2006.

［49］Almeida, H., Campello, M., and Weisbach, M. S., "The Cash Flow Sensitivity of Cash". *Journal of Finance*, Vol. lix, No. 4, 2004.

［50］Altman, *Corporate financial distress*. New York: Wiley. 1983.

［51］Altman, E., "Financial Ratios, Discriminant Analysis, and the Prediction of Corporate Bankruptcy". *Journal of Finance*, Vol. 23, No. 4, 1968.

［52］Alzman, A., and Suarez, J., "Entrenchment and Severance Pay in Optimal Governance Structures". *Journal of Finance*, Vol. 58, No. 2, 2003.

［53］Anderson R. W., and Sundaresan, S., "The Design and Valuation of Debt Contracts". *Review of Financial Studies*, Vol. 9, No. 1, 1996.

［54］Anderson, R. C., Mansi S. A., and Reeb, D. M., "Board Charactedstica Accounting Report Integrity and the Cost of Debt". *Journal of Accounting and Economics*, Vol. 37, No. 3, 2004.

［55］Anderson, R., and Carverhill, A., "Corporate Liquidity and Capital Structure". *Review of Financial Studies*, Vol. 25, No. 3, 2012.

［56］Antle, R., "Auditor Independence". *Journal of Accounting Research*, Vol. 22, No. 1, 1984.

［57］Avramov, D., Jostova, G., and Philipov A., "Understanding changes in corporate credit spreads". *Financial Analysts Journal*, Vol. 63, No. 2, 2007.

［58］Bai C. E., Lu J., and Tao Z., "The Multitask Theory of State Enterprise Reform: Empirical Evidence from China". *The American Economic Review*, Vol. 96, No. 2, 2006.

［59］Baiman, S., Evans, J. H., and Nagarajan, N. J., "Collusion in Auditing". *Journal of Accounting Research*, Vol. 29, No. 1, 1991.

［60］Baker, H. K., Powell, G. E., and Weaver, D. G., "Listing Changes and Visibility Gains". *Quarterly Journal of Business and Economics*, Vol. 38, No. 1, 1999.

［61］Bakshi, G., Madan, D., and Frank, Z., "Investigating the Role of Systematic and Firm-specific Factors in Default Risk: Lessons From Empirically Evaluating Credit Risk Models". *The Journal of Business*, Vol. 79, No. 4, 2006.

［62］Benos, A., and Papanastasopoulos, G., "Extending the Merton Model: A Hybrid Approach to Assessing Credit Quality". *Mathematical and Computer Modelling*, Vol. 46, No. 2, 2007.

［63］Bente, V., "Communication and Delegation in Collusive Agencies". *Journal of Accounting and Economics*, Vol. 19, No. 2, 1995.

［64］Bernard, H., and Gerlach, S., "Does the Term Structure Predict Recessions? The International Evidence". *International Journal of Finance and Economics*, Vol. 3, No. 3, 1998.

［65］Besley, T., Burgess, R., and Prat, A., "Mass Media and Political Accountability, in The Right to Tell: The Role of Mass Media in Economic Development". *The World Bank Institute*, 2002.

［66］Bewley R., Rees, D., and Berg, P., "The Impact of Stock Market Volatility on Corporate Bond Credit Spreads". *Mathematics and Computers in Simulation*, Vol. 64, No. 3, 2004.

［67］Bhagat S. J., and Bernard, B., "The Non – Correlation between Board Independence and Long – Term Firm Performance". *Journal of Corporation Law*, Vol. 27, No. 3, 2002.

［68］Bhojraj, S., and Sengupta, P., "Effect of Corporate Governance on Bond Ratings and Yields: The Role of Institutional Investors and the Outside

Directors". *The Journal of Business*, Vol. 76, No. 3, 2003.

[69] Black, F., and Cox, C. J., "Valuing Corporate Securities: Some Effects of Bond Indenture Provisions'. *The Journal of Finance*, Vol. 31, No. 2, 1976.

[70] Black, F., and Scholes, M., "The Pricing of Options and Corporate Liabilities". *Journal of Political Economy*, Vol. 81, No. 3, 1973.

[71] Bologua, G. J., Lindquist, R. J., and Wells, J. T., *The Accountant's Handbook of Fraud and Commercial Crime*, John Wiley & Sons Inc, 1993.

[72] Botosan, C., "Disclosure Level and the Cost of Equity Capital". *The Accounting Review*, Vol. 72, No. 3, 1997.

[73] Brammer, S., Brooks, C., and Pavelin, S., "Corporate Social Performance and Stock Returns: UK Evidence from Disaggregate Measures". *Financial Management*, Vol. 35, No. 3, 2006.

[74] Brandt, L., and Hongbin, L., "Bank Discrimination in Transition Economies: Ideology, Information, or Incentives?". *Journal of Comparative Economics*, Vol. 31, No. 3, 2003.

[75] Brennan, M. J., and Schwartz, E. S., "Corporate Income Taxes, Valuation, and the Problem of Optimal Capital Structure". *The Journal of Business*, Vol. 51, No. 1, 1978.

[76] Brennan, M., Jagadeesh, N., and Swaminathan, B., "Investment Analysis and the Adjustment of Stock Prices to Common Information". *Review of Financial Studies*, Vol. 6, No. 4, 1993.

[77] Briys, E., and Varenne, F., "Valuing Risky Fixed Rate Debt: An Extension". *Journal of Financial and Quantitative Analysis*, Vol. 32, No. 2, 1997.

[78] Brown D T., "An Empirical Analysis of Credit Spread Innovations". *The Journal of Fixed Income*, Vol. 11, No. 2, 2001.

[79] Brown, L. D., and Caylor, M. L., "Corporate Governance and Firm Valuation". *Journal of Accounting and Public Policy*, Vol. 26, No. 4, 2006.

[80] Brown, W., Helland, E., and Smith, J., "Corporate Philanthropic Practices". *Journal of Corporate Finance*, Vol. 12, No. 5, 2006.

［81］Campbell, J., and Glee, T., "Equity Volatility and Corporate Bond Yields". *Journal of Finance*, Vol. 58, No. 6, 2003.

［82］Cantillo, M. J, Wrigh, "How Do Firms Choose Their Lenders? An Empirical Investigation". *Review of Financial Studies*, Vol. 13, No. 1, 2000.

［83］Chava, S., "Socially Responsible Investing and Expected Stock Returns". Working Paper, Georgia Institute of Technology, 2010.

［84］Chava, S., and Jarrow, R., "Bankruptcy Prediction with Industry Effects". *Review of Finance*, Vol. 8, No. 8, 2004.

［85］Chava, S., Livdan, D., and Purnanandam, A., "Do Shareholder Rights Affect the Cost of Bank Loans?". *The Review of Financial Studies*, Vol. 22, No. 8, 2009.

［86］Chen, K., Chen, Z., and Wei, K., "Legal Protection of Investors, Corporate Governance, and the Cost of Equity Capital". *Journal of Corporate Finance*, Vol. 15, No. 3, 2009.

［87］Chen, L., Lesmond, D. A., and Wei, J., "Corporate Yield Spreads and Bond Liquidity". *Journal of Finance*, Vol. lix, No. 1, 2007.

［88］Chen, P., "Unifying Discrete Structural Models and Reduced-form Models in Credit Risk Using a Jump-diffusion Process". *Insurance: Mathematics and Economics*, Vol. 20, No. 2, 2002.

［89］Cheng, B., Ioannou, I., and Serafeim, G., "Corporate Social Responsibility and Access to Finance". *Strategic Management Journal*, Vol. 35, No. 1, 2014.

［90］Cheng, M., Dhaliwal, D., and Neamtiu, M., "Asset Securitization, Securitization Recourse, and Information Uncertainty". *The Accounting Review*, Vol. 86, No. 2, 2011.

［91］Clarkson, P. M., Gordon, Y. L., Richardson, D., and Vasvari, H. P., "Revisiting the Relation Between Environmental Performance and Environmental Disclosure: An Empirical Analysis". *Accounting, Organizations and Society*, Vol. 33, No. 4, 2008.

［92］Collin – Dufresne, P., and Goldstein, R., "Do Credit Spreads Reflect Stationary Leverage Ratios". *Journal of Finance*, Vol. 56, No. 5, 2011.

［93］Collin – Dufresne, P., Goldstein, R. S., and Martin, J. S., "The Determinants of Credit Spread Changes". *The Journal of Finance*,

Vol. 56, No. 6, 2011.

［94］Copeland, T. E., and Galai, D., "Information Effects and the Bid – Ask Spread". *Journal of Finance*, Vol. 38, No. 5, 1983.

［95］Core, J. E., Holthausen, R. W., and Larcker, D. F., "Corporate Governance, Chief Executive Officer Compensation, and Firm Performance". *Journal of Financial Economics*, Vol. 51, No. 3, 1999.

［96］Cormier, M. J., Ledoux, M. M., and Walter, A., "Emerald Article: Corporate Governance and Information Asymmetry Between Managers and Investors". *Corporate Governance*, Vol. 10, No. 5, 2010.

［97］Cornell, B., and Green, K., "The Investment Performance of Low-grade Bond Funds". *The Journal of Finance*, Vol. 46, No. 1, 1991.

［98］Covitz, D., and Downing C., "Liquidity or Credit Risk? The Determinants of Very Short-term Corporate Yield Spreads". *The Journal of Finance*, Vol. 62, No. 5, 2007.

［99］Crane, A., Matten, D., and Spence, L., *Corporate Social Responsibility: in Global Context*, Routledge, London, 2008.

［100］Creane A., "Risk and Revelation: Changing the Value of Information". *Michigan State – Econometrics and Economic Theory*, Vol. 65, No. 258, 1998.

［101］Cremers, K. J. M. and Nair, V. B., "Governance Mechanisms and Equity Prices". *Journal of Finance*, Vol. 60, No. 6, 2005.

［102］Cremers, K. J. M. and Nair, V. B., and Wei, C., "Governance Mechanisms and Bond Prices". *Review of Financial Studies*, Vol. 20, No. 5, 2007.

［103］D'Mello, R., and Ferris, S., "The Information Effects of Analyst Activity as the Announcement of New Equity Issues". *Financial Management*, Vol. 29, No. 1, 2009.

［104］Dbouk, W., and Kryzanowski, L., "Determinants of Credit Spread Changes". *Studies in Economics and Finance*, Vol. 27, No. 1, 2010.

［105］Dechow, P. M., and Dichev, L. D., "The Quality of Accruals and Earnings: The Role of Accrual Estimation Errors". *The Accounting Review*, Vol. 77, No. 1, 2002.

［106］Delianedis, G., and Geske, R., "The Components of Corporate

Credit Spread: Default, Recovery, Tax, Jumps, Liquidity, and Market Factors". Working Paper of UCLA, 2001.

[107] Dhaliwal, D., Li, O., Zhang, A., and Yang, Y., "Voluntary Nonfinancial Disclosure and the Cost of Equity Capital: the Initiations of Corporate Social Responsibility Reporting". *the Accounting Review*, Vol. 86, No. 1, 2011.

[108] Dignan, J. H., "Nondefault Components of Investment-grade Bond Spreads". *Financial Analysts Journal*, Vol. 3, No. 2, 2003.

[109] Duffee, D., and Lando, D., "Term Structures of Credit Spreads with Incomplete Accounting Information". *Econometrica*, Vol. 69, No. 3, 2001.

[110] Duffee, G. R., "The Relation Between Treasury Yields and Corporate Bond Yield Spreads". *The Journal of Finance*, Vol. 53, No. 6, 1998.

[111] Duffie, D., and Pan, J., "An Overview of Value at Risk". *The Journal of Derivatives*, Vol. 4, No. 3, 1997.

[112] Duffie, D., and Singleton, K. J., "Modeling Term Structures of Defaultable Bonds". *Review of Financial Studies*, Vol. 12, No. 4, 1999.

[113] Dyck, A., and Zingales, L., "*Media and asset prices*". Working Paper, Harvard University, 2003.

[114] Dyck, A., and Zingales, L., "Private Benefits of Control: An International Comparison". *Journal of Finance*, Vol. 59, No. 2, 2004.

[115] Dyck, A., and Zingales, L., "The Corporate Governance Role of the Media". *Journal of Finance*, Vol. 63, No. 3, 2008.

[116] Dyck, A., Volchkova, N., and Zingales. L., "The Corporate Governance Role of the Media: Evidence from Russia". *Journal of Finance*, Vol. 58, No. 3, 2008.

[117] Easley, D., and O'Hara, M., "Price, Trade Size and Information in Securities Markets". *Journal of Financial Economics*, Vol. 19, No. 1, 1987.

[118] Eccles, R., Ioannou. I, Serafeim G., "The Impact of a Corporate Culture of Sustainability on Corporate Behavior and Performance". *NBER Working Paper*, No. 17950, 2012.

[119] Eisenberg, T., Sundgren, S., and T. Wells, M., "Larger Board

Size and Decreasing Firm Value in Small Firms". *Journal of Financial Economics*, Vol. 48, No. 1, 1998.

[120] El Ghoul, S., Guedhami, O., Kwok, C. C. Y., and Mishra, D. R., "Does Corporate Social Responsibility Affect the Cost of Capital". *Journal of Banking and Finance*, Vol. 35, No. 9, 2011.

[121] Elton, J. E, and Gruber, M. J, "Explaining the Rate Spread on Corporate Bonds". *The Journal of Finance*, Vol. 56, No. 1, 2011.

[122] Ericsson, J., and Renault, O., "Liquidity and Credit Risk". *Journal of Finance*, Vol. 61, No. 5, 2006.

[123] Ericsson, Jacobs, J., Oviedo, K., and Rodolfo, "The Determinants of Credit Default Swap Premia". *Journal of Financial and Quantitative Analysis*, Vol. 44, No. 1, 2009.

[124] Fama, E., "Agency Problems and the Theory of the Firm". *Journal of Political Economy*, Vol. 88, No. 2, 1980.

[125] Fama, E., and Jensen, M., "Separation of Ownership and Control". *Journal of Law and Economics*, Vol. 26, No. 2, 1983.

[126] Fama, E., and Kenneth, F., "Common Risk Factors in the Returns On Stocks and Bonds". *Journal of Financial Economics*, Vol. 33, No. 3, 1993.

[127] Fan, Y., "Accounting Transparency and the Term Structure of Credit Spreads". *Journal of Financial Economics*, Vol. 75, No. 1, 2005.

[128] Fang, L., and Peress, J., "Media Coverage and the Cross-section of Stock Returns". *Journal of Finance*, Vol. 5, No. 1, 2009.

[129] Forker, J. J., "Corporate Governance and Disclosure Quality". *Accounting and Business Research*, Vol. 86, No. 22, 1992.

[130] Franks J. R., and Torous, G., "An Expirical Investigation of US Firms in Reorganization". *Journal of Finance*, Vol. 44, No. 2, 1989.

[131] Frederick, W. C., Values, *Nature and Culture in the American Corporation*, Oxford University Press, 1995.

[132] Frydman, H., and Schuermann, T., "Credit Rating Dynamics and Markov Mixture Models". *Journal of Banking and Finance*, Vol. 32, No. 6, 2008.

[133] Fu, F., "Idiosyncratic Risk and the Cross Section of Expected

Stock Returns". *Journal of Financial Economics*, Vol. 91, No. 24, 2009.

[134] Fuertes, A. M. , and Kalotychou, E. , "On Sovereign Credit Migration: A Study of Alternative Estimators and Rating Dynamics". *Computational Statistics and Data Analysis*, Vol. 51, No. 7, 2007.

[135] Gelb, D. , and Strawser, J. A. , "Corporate Social Responsibility and Financial Disclosures: an Alternative Explanation for Increased Disclosure". *Journal of Business Ethics*, Vol. 33, No. 1, 2001.

[136] Gentzkow, M. , and Shapiro, J. M. , "Media Bias and Reputation". *Journal of Political Economy*, Vol. 114, No. 2, 2006.

[137] Ghamami, S. , and Zhang, B. , "Efficient Monte Carlo Counterparty Credit Risk Pricing and Measurement". University of California, Berkeley – Center for Risk Management Research, Working Paper, 2013.

[138] Giesecke, K. , "Default and Information". *Journal of Economic Dynamics and Control*, Vol. 30, No. 3, 2006.

[139] Gompers, P. A. , Ishii, J. L. , and Metrick, A. , "Corporate governance and equity prices". *Quarterly Journal of Economics*, Vol. 118, No. 1, 2003.

[140] Goss, A. , and Roberts, G. R. , "The impact of Corporate Social Responsibility on the Cost of Bank Loans". *Journal of Banking and Finance*, Vol. 35, No. 7, 2011.

[141] Gryglewicz, S. , "A Theory of Corporate Financial Decisions with Liquidity and Solvency Concerns". *Journal of Financial Economics*, Vol. 99, No. 2, 2011.

[142] Guenster, N. , Bauer, R. , Derwall, J. , and Koedijk, K. , "The Economic Value of Corporate eco – Efficiency". *European Financial Management*, Vol. 17, No. 4, 2011.

[143] Guha and Hiris, "The Aggregate Credit Spread and the Business Cycle". *International Review of Financial Analysis*, Vol. 11, No. 2, 2002.

[144] Guo, X. , Jarrow, R. A. , and Zeng, Y. , "Information Reduction in Credit Risk Models". *Mathematical Finance*, Vol. 19, No. 2, 2009.

[145] Hail, L. , and Leuz, C. , "International Differences in Cost of Equity Capital: Do Legal Institutions and Securities Regulations Matter". *Journal of Accounting Research*, Vol. 44, No. 3, 2006.

[146] Hamilton, S. , Jo, H. , and Statman, M. , "Doing Well While Doing Good? The Investment Performance of Socially Responsible Mutual Funds". *Financial Analysis Journal*, Vol. 49, No. 6, 1993.

[147] Heinkel, R. , Kraus, A. , and Zechner, J. , "The Effect of Green Investment on Corporate Behavior". *Journal of Financial and Quantitative Analysis*, Vol. 36, No. 4, 2001.

[148] Helwege, J. , and Turner, C. M. , "The Slope of the Credit Yield Curve for Speculative – Grade Issuers". *The Journal of Finance*, Vol. 54, No. 5, 1999.

[149] Hibbert, A. M. , Pavlova, I. , Barber, J. , and Dandapani, K. , "Credit Spread Changes and Equity Volatility: Evidence from Daily Data". *The Financial Review*, Vol. 46, No. 3, 2011.

[150] Hilberink, B. , and Rogers, L. C. G. , "Optimal Capital Structure and Endogenous Default". *Finance and Stochastics*, Vol. 6, No. 2, 2002.

[151] Hill, R. P. , Ainscough, T. , Shank, T. , and Manullang, D. , "Corporate Social Responsibility and Socially Responsible Investing: a Global Perspective". *Journal of Business Ethics*, Vol. 70, No. 2, 2007.

[152] Ho, S. S. M. , and Wong, K. S. , "A Study of the Relationship Between Corporate Governance Structures and the Extent of Voluntary Disclosure". *Journal of International Accounting*, *Auditing and Taxation*, Vol. 10, No. 2, 2001.

[153] Ho, T. S. , and Singer, R. F. , "Bond Indenture Provisions and the Risk of Corporate Debt". *Journal of Financial Economics*, Vol. 10, No. 4, 1982.

[154] Ho, T. S. , and Singer, R. F. , "The Value of Corporate Debt with A Sinking-fund Provision". *Journal of Business*, Vol. 57, No. 7, 1984.

[155] Hong, H. , and Kacperczyk, M. , "The Price of Sin: the Effects of Social Norms on Markets". *Journal of Financial Economics*, Vol. 93, No. 1, 2009.

[156] Hong, H. , and Stein, J. C. , "Disagreement and the Stock Market". *Journal of Economic Perspectives*, Vol. 21, No. 2, 2007.

[157] Hong, H. , Lim, T. , and Stein, J. C. , "Bad News Travels Slowly: Size, Analyst Coverage, and the Profitability of Momentum Strate-

gies". *Journal of Finance*, Vol. 55, No. 1, 2000.

[158] Hong Z. , Guoping L. , Lin W. "Corporate Social Responsibility and Credit Spreads—An Empirical Study in Chinese Context". *Annals of Economics and Finance*, Vol. 17, No. 1, 2016.

[159] Hong Z. , Chang Z. , Lin W. , et al. "Corporate governance and credit spreads on corporate bonds: An empirical study in the context of China". *China Journal of Accounting Studies*, Vol. 5, No. 1, 2017.

[160] Houweling, P. , Mentink. A. , and Vorst. T. , "Is Liquidity Reflected in Bond Yields? Evidence from the Euro Corporate Bond Market". Working Paper, 2002.

[161] Howard, G. , The big trade-off revisited, In: Proceedings of the Industry Commission Conference on Equity, Efficiency and Welfare. Industry Commission, Melbourne, Australia, 1996.

[162] Hsu, J. S. , Saa-requejo, J. , Santa-clara, P. , " A Structure Model of Default Risk". *Journal of Fixed Income*, Vol. 19, No. 3, 2010.

[163] Hu, X. , and Schiantarelli, F. , "Investment and Capital Market Imperfections: A Switching Regression Approach Using US Firm Panel Data". *Review of Economics and Statistics*, Vol. 80, No. 3, 1998.

[164] Huang, J. Z. , and Ming, H. , "How Much of Corporate – Treasury Yield Spread is Due to Credit Risk". *Review of Asset Pricing Studies*, Vol. 2, No. 2, 2012.

[165] Hugonnier, J. S. , Malamud, and Morellec, E. , "Capital Supply Uncertainty, Cash Holdings, and Investment". Working Paper, 2012.

[166] Hui, C. H. , Lo, C. F. , and Tsang, S. W. , "Pricing Corporate Bonds with Dynamic Default Barriers". *The Journal of Risk*, Vol. 5, No. 3, 2003.

[167] Hull, J. , Predescu, M. , and White, A. , "The Valuation of Correlation – Dependent Credit Derivatives Using a Structural Model". *The Journal of Credit Risk*, Vol. 6, No. 3, 2010.

[168] Ilia, D. D. , "The Quality of Accruals and Earnings: The Role of Accrual Estimation Errors". *The Accounting Review*, Vol. 77, No. 1, 2002.

[169] Jarrow, R. A. , and Turnbull, S. , "Pricing Derivatives on Financial Securities Subject to Credit Risk". *Journal of Finance*, Vol. 50, No. 4,

1995.

[170] Jarrow, R. A. , and Yu, F. , "Counterparty Risk and the Pricing of Defaultable Securities Subject to Credit Risk". *Journal of Finance*, Vol. 50, No. 5, 2001.

[171] Jarrow, R. A. , Lando, D. , and Turnbull, S. , "A Markov Model for the Term Structure of Credit Risk Spreads". *Review of Financial Studies*, Vol. 10, No. 2, 1997.

[172] Jensen, M. , *Toward A Theory of the Press*, *Economics and Social Institutions*, Karl Brunner Editor, Martinus Nijhoff Publishers, 1979.

[173] Jiang, G. , Lee, C. M. C. , and Zhang, G. Y. , "Information Uncertainty and Expected Returns". *Review of Accounting Studies*, Vol. 10, No. 2, 2005.

[174] Joe, J. R. , Louis, H. , and Robinson. D. , "Manager and Investors Responses to Media Exposure of Board Ineffectiveness". *Journal of Finance and Quantitative Analysis*, Vol. 44, No. 3, 2009.

[175] Jonathan, and Wright. H. , "Term Premiums and Inflation Uncertainty: Empirical Evidence from an International Panel Dataset". *The American Economic Review*, Vol. 101, No. 4, 2011.

[176] Jones, E. , Mason, S. , and Rosenfeld, E. , "Contingent Claims Aanalysis of Corporate Capital Structure: an Empirical Investigation". *Journal of Finance*, Vol. 39, No. 3, 1984.

[177] Kadam, A. , and Lenk, P. , "Bayesian Inference for Issuer Heterogeneity in Credit Ratings Migration". *Journal of Banking and Finance*, Vol. 32, No. 10, 2008.

[178] Kanagaretnam, K. , Gerald, J. L. , and Whalenc, D. J. , "Does Good Ccorporate Governance Reduce Information Asymmetry Around Quarterly Earnings Announcements?". *Journal of Accounting and Public Policy*, Vol. 26, No. 4, 2007.

[179] Kao, D. L. , "Estimating and Pricing Credit Risk: An Overview". *Financial Analysts Journal*, Vol. 56, No. 4, 2000.

[180] Kennedy, S. , "China's Emerging Credit Rating Industry: The Official Foundations of Private Authorit". *China Quarterly*, Vol. 193, No. 5, 2008.

［181］Kim, I. J. , Ramaswamy, K. , and Sundaresan, S. , "Does Default Risk in Coupons Affect the Valuation of Corporate Bonds?". *Financial Management*, Vol. 22 , No. 3 , 1993.

［182］Kim, O. , and Verrecchia, R. E. , "Market Liquidity and Volume Around Earnings Announcements". *Journal of Accounting and Economics*, Vol. 17 , No. 2 , 1994.

［183］Kim, Y. , Park, M. S. , and Wier, B. , "Is Earnings Quality Associated with Corporate Social Responsibility". *The Accounting Review*, Vol. 8 , No. 3 , 2012.

［184］Kiousis, S. , "Explicating Media Salience: A Factor Analysis of New York Times Issue Coverage During the 2000 U. S. Presidential Election". *Journal of Communication*, Vol. 54 , No. 1 , 2004.

［185］Klock, M. , Mansi, S. A. , and Maxwell, W. F. , "Does Corporate Governance Matter to Bondholders?". *Journal of Financial and Quantitative Analysis*, Vol. 40 , No. 4 , 2005.

［186］Kofman, F. , and Lawarree, J. , "Collusion in Hierarchical Agency". *Econometrica*, Vol. 61 , No. 3 , 1993.

［187］Kounitis, T. I. , "Credit Spread Changes and Volatility Spillover Effects". *International Journal of Human and Social Sciences*, Vol. 2 , No. 6 , 2007.

［188］Kyle, A. , "Continuous Auctions and Insider Trading". *Econometrica*, Vol. 53 , No. 6 , 1985.

［189］La Porta, R. , Lopez-de – Silanes, F. , Shleifer, A. , and Vishny, R. , "Investor Protection and Corporate Governance". *Journal of Financial Economics*, Vol. 42 , No. 2 , 2000.

［190］La Porta, R. , Lopez-de – Silanes, F. , Shleifer, A. , and Vishny, R. , "Law and Finance". *Journal of Political Economics*, Vol. 106 , No. 6 , 1998.

［191］La Porta, R. , Lopez-de – Silanes, F. , Shleifer, A. , and Vishny, R. , "Legal Determinants of External Finance". *Journal of Finance*, Vol. 52 , No. 3 , 1997.

［192］Laffont, J. , "Analysis of Hidden Gaming in a Three – Level Hierarchy". *Journal of Law, Economics, and Organization*, Vol. 6 , No. 2 , 1990.

[193] Laffont, J., and Martimort, D., "Collusion Under Asymmetric Information". *Econometrica*, Vol. 65, No. 4, 1997.

[194] Laffont, J., Faure – Grimaud, A., and Martimort, D., "Collusion, Delegation and Supervision with Soft Information". *Review of Economic Studies*, Vol. 70, No. 2, 2003.

[195] Lambert, R., Leuz, C., and Verrecchia, R. E., "Accounting Information, Disclosure, and the Cost of Capital". *Journal of Accounting Research*, Vol. 45, No. 2, 2007.

[196] Lando, D., "On Cox Processes and Credit Risky Securities". *Review of Derivatives Research*, Vol. 2, No. 2, 1998.

[197] Landschoot, "Determinants of euro term structure of credit spreads". Working Paper of European Central Bank, 2004.

[198] Lanis, R., and Richardson, G., "Corporate Social Responsibility and Tax Aggressiveness: An Empirical Analysis". *Journal of Accounting and Public Policy*, Vol. 31, No. 1, 2012.

[199] Leftwich, R., Watts, R., and Zimmerman, J., "Voluntary Corporate Disclosure: The Case of Interim Reporting". *Journal of Accounting*, Vol. 19, No. 1, 1981.

[200] Leland, H., and Toft, K., "Optimal Capital Structure, Endogenous Bankruptcy, and the Term Structure of Credit Spreads". *Journal of Finance*, Vol. 51, No. 32, 1996.

[201] Lemke, Thomas, and Gerald, L., *Regulation of Investment Advisors*, New York: Thomson West, 2013.

[202] Li W. J., and Zhang R., "Corporate Social Responsibility, Ownership Structure, and Political Interference: Evidence from China". *Journal of Business Ethics*, Vol. 96, No. 4, 2010.

[203] Liao, H. H., Chen, T. K., and Lu, C. W., "Bank Credit Risk and Structural Credit Models: Agency and Information Asymmetry Perspectives". *Journal of Banking and Finance*, Vol. 33, No. 8, 2009.

[204] Lin, C., Ma, Y., Malatesta, P., and Xuan, Y. H., "Corporate Ownership Structure and Bank Loan Syndicate Structure". *Journal of Financial Economics*, Vol. 104, No. 1, 2012.

[205] Longstaff, F. A., and Schwartz, E. S., "A Simple Approach to

Valuing Risky Fixed and Floating Rate Debt". *The Journal of Finance*, Vol. 50, No. 3, 1995.

[206] Lu, C., Chen, T. K., and Liao, H. H., "Information Uncertainty, Information Asymmetry and Corporate Bond Yield Spreads". *Journal of Banking and Finance*, Vol. 34, No. 9, 2010.

[207] Luo, X., Bhattacharya C., "The Debate over Doing Good: Corporate Social Performance, Strategic Marketing Levers, and Firm-Idiosyncratic Risk". *Journal of Marketing*, Vol. 73, No. 6, 2009.

[208] Madan, D., and Una, H., "Pricing the Risks of Default". *Review of Derivatives Research*, Vol. 16, No. 46, 1998.

[209] Madan, D., and Unal, H., "A Two-factor Hazard Rate Model for Pricing Risky Debt and the Term Structure of Credit". *The Journal of Financial and Quantitative Analysis*, Vol. 35, No. 1, 2000.

[210] Manheim, J. B., "A Model of Agenda Dynamics". In M. L. McLaughlin (Ed.), Communication Yearbook 10 (pp. 499 – 516), Newbury Park, CA, Sage, 1986.

[211] McCombs, M. E., and Ghanem, "The Convergence of Agenda Setting and Framing In S. D. Reese". O. H. Gandy, Jr., and A. E. Grant (Eds.), Framing Public Life: Perspectives on Media and Our Understanding of the Social World (pp. 67 – 83), Mahwah, NJ: Erlbaum, 2001.

[212] McCombs, M., and Shaw, D. L., "The Agenda-setting Function of Mass Media". *Public Opinion Quarterly*, Vol. 36, No. 2, 1972.

[213] McLeod, J., Becker, I. B., and Byrnes, J. E., "Another Look at the Agenda-setting Function of the Press". *Communication Research*, Vol. 1, No. 2, 1974.

[214] McWilliams, A., and Siegel, D., "Corporate Social Responsibility: a Theory of the Firm Perspective". *Academy of Management Review*, Vol. 26, No. 1, 2001.

[215] Mella – Barral, P., and Perraudin, W., "Strategic Debt Service". *Journal of Finance*, Vol. 52, No. 2, 1997.

[216] Mello, A. S., Parsons, J. E., "Measuring the Agency Cost of Debt". *The Journal of Finance*, Vol. 47, No. 5, 1992.

[217] Meneonteiro, A. A., and Smirnov, G. V., "Nonparametric Esti-

mation for Non – Homogeneous Semi – Markov Processes: An Application to Credit Risk". Working Paper, 2006.

[218] Merton, R. C. , "A Simple Model of Capital Market Equilibrium with Incomplete Information". *Journal of Finance*, Vol. 42, No. 3, 1987.

[219] Merton, R. C. , "On the Pricing of Corporate Debt: The Risk Structure of Interest Rates". *Journal of Finance*, Vol. 29, No. 2, 1974.

[220] Miguel, A. , and Pindado, J. , "Determinants of Capital Structure: New Evidence from Spanish Panel Data". *Journal of Corporate Finance*, Vol. 7, No. 1, 2001.

[221] Mishra. S. , Modi S. , "Positive and Negative Corporate Social Responsibility, Financial Leverage, and Idiosyncratic Risk". *Journal of Business ethics*, Vol. 117, No. 2, 2013.

[222] Moerman, R. W. , "The Impact of Information Asymmetry on Debt Pricing and Maturity". Working Paper, 2005.

[223] Moerman, W. R. , "The Role of Information Asymmetry and Financial Reporting Quality in Debt Trading: Evidence from the Secondary Loan Market". *Journal of Accounting and Economics*, Vol. 46, No. 2, 2005.

[224] Moore, G. H. , *Business Cycle Indicators*, Princeton, Princeton University Press, 1961.

[225] Moraux, F. , "Modeling the Business Risk of Financially Weakened Firms: a New Approach for Corporate Bond Pricing". *International Review of Financial Analysis*, Vol. 13, No. 1, 2004.

[226] Morellec, E. , Schürhoff, N. , "Corporate Investment and Financing under Asymmetric Information". *Journal of Financial Economics*, Vol. 99, No. 2, 2011.

[227] Nelling, E. , and Webb, E. , "Corporate Social Responsibility and Financial Performance: the 'Virtuous Circle' Revisited". *Review of Quantitative Finance and Accounting*, Vol. 32, No. 2, 2009.

[228] Nielsen, L. , Saa – Requejo, J. , and Santa – Clara, P. , "Default Risk and Interest Rate Risk: The Term Structure of Default Spreads". Working Paper, 1993.

[229] Ohlson, J. , "Financial Ratios and the Probabilistic Prediction of Bankruptcy". *Journal of Accounting Research*, Vol. 18, No. 1, 1980.

［230］ Patten, D. M. , "The Relation between Environmental Perform-ance and Environmental Disclosure: A Research Note". *Accounting, Organiza-tions and Society*, Vol. 27, No. 8, 2002.

［231］ Pedrosa, M. , and Roll, R. , "Systematic Risk in Corporate Bond Credit Spreads". *Journal of Fixed Income*, Vol. 8, No. 3, 1998.

［232］ Renneboog, L. , Horst, J. , and Zhang, C. , "Socially Respon-sible Investments: Institutional Aspects, Performance, and Investor Behav-ior". *Journal of Banking and Finance*, Vol. 32, No. 9, 2008.

［233］ Richardson, A. J. , and Welker, M. , "Social Disclosure, Fi-nancial Disclosure and the Cost of Equity Price". *Accounting, Organizations and Society*, Vol. 26, No. 7 – 8, 2001.

［234］ Robinson, M. , Kleffner, A. , and Bertels, S. , "The Value of a Reputation for Corporate Social Responsibility: Empirical Evidence". Working Paper, University of Michigan, 2008.

［235］ Rocha K. , and Garcia F. A. A. , "The Term Structure of Sover-eign Spreads in Emerging Markets". *Journal of Fixed Income*, Vol. 14, No. 4, 2005.

［236］ Ronalad, B. , David, R. , and Paul, B. , "The Impact of Stock Market Volatility on Corporate Bond Credit Spreads". *Mathematics and Comput-ers in Simulation*, Vol. 64, No. 3, 2004.

［237］ Rosenstein, S. , and Wyatt, J. G. , "Outside Directors, Board Independence, and Shareholder Wealth". *Journal of Financial Economics*, Vol. 26, No. 2, 1990.

［238］ Saa – Requejo, J. , and Santa – Clara, P. , "Bond Pricing with Default Risk". Working Paper, 1999.

［239］ Schmid, B. , *Credit Risk Pricing Models: Theory and Practice*, Springer, 2004.

［240］ Shaw, D. L. , and McCombs, M. E. , *The Emergence of American Political Issues: The Agenda Setting Function of the Press*, St. Paul, MN: West, 1977.

［241］ Sheldon, O. , *The Philosophy of Management*, Psychology Press, 1923.

［242］ Shleifer, A. , and Vishny, R. W. , "Politicians and Firms".

Quarterly Journal of Economics, Vol. 109, No. 4, 1994.

[243] Shleifer, A., and Vishny, R. W., "Large Shareholders and Corporate Control". *Journal of Political Economy*, Vol. 94, No. 3, 1986.

[244] Shumway, T., "Forecasting Bankruptcy More Accurately: A Simple Hazard Model". *Journal of Business*, Vol. 74, No. 1, 2001.

[245] Song, F., and Thakor, A., "Information Control, Career Concerns, and Corporate Governance". *Journal of Finance*, Vol. 61, No. 4, 2006.

[246] Sori, Z. M. and Jalil, H. A., "Financial Ratios Discriminant Analysis and the Prediction of Corporate Distress". *Journal of Money*, *Investment and Banking*, Vol. 4, No. 4, 2009.

[247] Starks, L. T., "Corporate Governance and Corporate Social Responsibility: What Do Investors Care About". *The Financial Review*, Vol. 44, No. 4, 2009.

[248] Sun, W., Cui K., "Linking Corporate Social Responsibility to Firm Default Risk". *European Management Journal*, Vol. 32, No. 2, 2014.

[249] Szewczyk, S. H., Tsetsekos, G. P., and Varma, R., "Institutional Ownership and the Liquidity of Common Stock Offerings". *The Financial Review*, Vol. 27, No. 2, 1992.

[250] Tang, D. Y., and Yan, H., "Macroeconomic Conditions, Firm Characteristics, and Credit Spreads". *Journal of Financial Services Research*, Vol. 29, No. 3, 2006.

[251] Tang, D. Y., and Yan, H., "Macroeconmic Conditions, Firm Characteristics, and Credit Spreads". *Journal of Financial Services Research*, Vol. 29, No. 3, 2006.

[252] Tetlock, P. C., "Does Public Financial News Resolve Asymmetric Information". *Review of Financial Studies*, Vol. 23, No. 9, 2010.

[253] Tirole, J., "Hierarchies and Bureaucracies: On the Role of Collusion in Organizations". *Journal of Law*, *Economics*, *and Organization*, Vol. 2, No. 2, 1986.

[254] Tirole, J., *Collusion and Theory of Organizations*, Advances in Economic Theory, Cambridge University Press, 1992.

[255] Van, N. B., Van., R. N., and RichardHow, W., "Well do Adverse Selection Components Measure Adverse Selection". *Financial Manage-*

ment, Vol. 30, No. 3, 2001.

［256］ Vasicek, O. , "An Equilibrium Characterization of the Term Structure". *Journal of Financial Economics*, Vol. 5, No. 2, 1977.

［257］ Waddock, S. , and Graves, S. , "The Corporate Social Performance – Financial Performance Link". *Strategic Management Journal*, Vol. 18, No. 4, 1997.

［258］ Welker, M. , "Disclosure Policy, Information Asymmetry, and Liquidity in Equity Markets". *Contemporary Accounting Research*, Vol. 11, No. 2, 1995.

［259］ White, L. J. , "The Credit Rating Agencies". *Journal of Economic Perspectives*, Vol. 24, No. 2, 2010.

［260］ Wilson, T. C. , "Portfolio Credit Risk". *Economic Policy Review*, Vol. 10, No. 4, 1998.

［261］ Yu, F. , "Accounting Transparency and the Term Structure of Credit Spreads". *Journal of Financial Economics*, Vol. 75, No. 1, 2005.

［262］ Zhang, X. F. , "Information Uncertainty and Stock Returns". *Journal of Finance*, Vol. 61, No. 1, 2006.

［263］ Zhou, C. S. , "An Analysis of Default Correlations and Multiple Defaults". *Review of Financial Studies*, Vol. 14, No. 12, 2001.

［264］ Zhou, C. S. , "The Term Structure of Credit Spreads with Jump Risk". *Journal of Banking and Finance*, Vol. 25, No. 11, 2001.

［265］ Zmijewski, M. , "Methodological Issues Related to the Estimation of Financial Distress Prediction Models". *Journal of Accounting Research*, Vol. 22, No. 4, 1984.

后　　记

本书是我主持的国家社科基金重大项目《大数据背景下债券风险统计监测理论与方法》（15ZDB137）、国家自然科学基金面上项目《中国企业债券信用风险估价研究：基于非对称信息视角》（71172152）、国家教育部规划基金项目《基于不确定的企业债券信用风险度量研究》（08JA630092）和中国博士后科学基金第1批特别资助项目《基于不确定性的企业债券信用风险度量模型构建及实证检验》（200801158）与第41批面上（一等资助金）项目《企业债券信用 风险防范机制设计——基于不确定性和非对称信息视角》（20070410118）的主要研究成果。首先，要对全国哲学社会科学规划办公室、国家自然科学基金管理委员会、中国博士后科学基金管理委员会和国家教育部给予的资助表示感谢。

其次，感谢我的博士后合作导师、中国社会科学院学部委员、法学研究所王家福教授，我的良师益友——中国社会科学院学部委员、财经战略研究院杨圣明研究员，以及中央财经大学会计学院袁淳教授，他们在我申报国家自然科学基金项目和中国博士后科学基金项目中，在项目选题、研究过程中给予了很多的指导和帮助，使我受益匪浅。

还要感谢的是，中国社会科学院农村经济发展研究所党委书记潘晨光研究员，中国社会科学院博士后管理办公室李晓林处长、袁媛副处长和孙大伟干事，中国社会科学院法学研究所博士后管理办公室孙秀升主任，他们在我申请中国博士后科学基金资助过程中给予了很多关心和帮助，没有他们的关心和帮助就不会有本书的形成。

我的同事李国平教授、张永力副教授，我指导的博士研究生林晚发、建蕾，硕士研究生李远远、杨萌萌、彭丽华、温笑天，他们在课题与书稿的完成中给予了极大的帮助，在此一并表示感谢。

最后，本书的完成同时得到北京市与中央在京高校共建项目、北京市会计类专业群（改革试点）建设项目，中央财经大学"211 工程"建设项目和"青年科研创新团队支持计划"的资助，在此也表示感谢。

周 宏

于中央财经大学实验楼

2018 年 5 月 20 日